Franz Kamphaus

Gesalbt, nicht angeschmiert

Die Botschaft der großen Feiern
im Kirchenjahr

TE DEUM.wissen

*Seid stets bereit, jedem Rede und Antwort zu stehen,
der nach der Hoffnung fragt, die euch erfüllt.*
1 PETR 3,15

Inhalt

Karfreitag

Ostern

Inhalt

Zugunsten des Bischöflichen Hilfswerks MISEREOR

Franz Kamphaus

Gesalbt,
nicht angeschmiert

Die Botschaft
der großen Feiern
im Kirchenjahr

Herausgegeben von
Regina Groot Bramel

VERLAG KATHOLISCHES BIBELWERK Stuttgart
ars liturgica BUCH- UND KUNSTVERLAG Maria Laach

Pfingsten

Zu diesem Buch

Vorwort der Herausgeberin

Feiertage unterbrechen das Einerlei und Vielerlei des Alltags, der uns zumeist fest im Griff hat und keine Zeiten freigibt, um den Blick vom Boden der berechenbaren Fakten und nackten Tatsachen auf das zu richten, was dahinter und darüber hinaus Bedeutung hat. Feiertage sind Atempausen, Zeiten der Erholung. Ist das alles?

Feiertage haben es in sich! In ihnen verdichtet sich, was zwar an jedem Tag im Leben zählt, aber nicht dauernd zum Ausdruck gebracht wird. Der Feiertag bietet Raum für Würdigung, Rückblick und Zukunftshoffnung. Vom Kindergeburtstag bis zum Goldenen Ehejubiläum sind die Erwartungen hoch, die Organisation und Vorbereitung erfordert Aufmerksamkeit und Zeit. Mancher gerät bei all den äußeren Bemühungen in Stress, und die Stimmung droht dann manchmal zu kippen.

Was kommt bei den Feiertagen des Kirchenjahres, bei den Bemühungen zwischen Hochamt und Festessen heraus? Wie können die christlichen Hochfeste zu Inspirationen werden für die Lebens-Zeit dazwischen, zu Lichtblicken, die werktags weiterleuchten, zu Kraftquellen, die uns nicht auf dem Trockenen sitzen lassen? Wenn die Tafel abgetragen ist und wir wieder bei Wasser und Brot unser Alltagsdasein fristen, nährt uns ein Wort, eine gute Nachricht.

Unnachahmlich erschließt Franz Kamphaus im vorliegenden Buch die Zusprüche und die Zumutungen der Bibeltexte zu den großen Festen im Jahreskreis.

Er zeigt auf, dass die Geburt im Stall bereits auf ein Leben verweist, das die geltenden Maßstäbe auf den Kopf stellt und auch auf Golgota nicht totzukriegen ist. „Man kann nicht vom Kind in Betlehem sprechen, ohne zu bedenken, welchen Weg Jesus gegangen ist." – Der Tod Jesu am Kreuz ist die unausweichliche Konsequenz der Liebe und Leidenschaft Gottes für uns Menschen. „Gott will kein Blut sehen, der Geruch des gewaltsamen Todes ist ihm zuwider. Als Freund des Lebens hat er kein Gefallen am Tod Jesu."

Der Karfreitag mutet in seiner Schwere nicht an wie ein Festtag. Es ist der Tag, an dem Christen sich in feierlichem Ernst vergegenwärtigen, dass es in diesem Leben keinen Ort und Zustand absoluter Gottverlassenheit mehr gibt, seit Jesus uns gezeigt hat, wo Gott im Leiden zu finden ist: unverbrüchlich und treu an der Seite der Leidtragenden. Wann immer wir Kreuzwege zu bestehen haben, dürfen wir gewiss sein, dass Gott uns das Kreuz nicht zugewiesen hat, sondern uns helfen will, es zu tragen. „Erlöst sind wir nicht durch die Liebe zur Macht, sondern durch die Macht der Liebe. Das Leiden ist der Preis der Liebe. Gott zahlt ihn mit dem Kreuz." Der Weg ist seither von zwei Seiten gebahnt – vom Leben zum Tod und durch den Tod zum Leben.

Die Botschaft von der Auferstehung ist nicht für die Osternacht reserviert. Sie schwingt auch in unseren dunkelsten Stunden mit und will uns davor bewahren, zu resignieren und zur Tagesordnung überzugehen. Wie die Jünger, die nach dem Tod Jesu im Trüben fischen, bevor er zu ihnen kommt und es ihnen dämmert, dass er sie – und so auch uns – immer wieder über den Nullpunkt hinausführt. Die Nacht der Vergeblichkeit lichtet sich, indem die Worte des Auferstandenen richtiges Handeln bewirken.

Im Diesseits leuchtet das Jenseitige auf, wenn wir unsere schwersten Stunden als Geburtswehen auf dem Weg zur Vollendung deuten können. Die unantastbare Würde jedes Menschen ist durch Gottes Kommen in die Welt verbürgt und eingeprägt in jedes der christlichen Hochfeste. Auch bei Festanlässen zur Spendung der Sakramente, insbesondere bei der Feier der Taufe und Firmung, ist die entscheidende Zusage ein „kategorischer Indikativ": Du bist von Gott geliebt, darum bist du einzigartig, unverwechselbar und unantastbar.

Christen und Christinnen sind nicht Angeschmierte, mit leeren Versprechungen Abgespeiste; sie müssen sich diese göttliche Zusage nicht wieder abschminken, wenn es ernst wird. Sie sind Gesalbte und haben von Gott selbst eine königliche, priesterliche und prophetische Würde erhalten, die ihnen niemand absprechen kann. Sie ist ihnen allerdings nicht verliehen worden wie eine Urkunde, die man einrahmen und an die Wand hängen kann, sondern als eine Begabung, die es einzusetzen gilt. Sie sind berufen und auserwählt, das zu Gehör zu bringen, „für das es in der Welt keine bessere Alternative gibt. Das Evangelium ist kein beliebiger Diskussionsbeitrag, es will uns zum wahren Leben befreien."

Unser Gott hat kein Taschenbuchformat, er ist „zum Fürchten und zum Verlieben". Ihn immer aufs Neue zu suchen und sich ihm zu nähern mit allem, was uns bewegt, das ist der Grundton der Festtags-Texte dieses Buches. Franz Kamphaus gelingt, was bei oberflächlicher Betrachtung unmöglich scheint. Aus dem scheinbar Unvereinbaren, den Polen unserer Existenz – Tod und Leben, Resignation und Hoffnung,

Leere und Fülle, Abziehbild oder Ebenbild Gottes –
webt er ein großes Ganzes. Er gibt es uns in die Hände
wie ein Netz, das uns sichert, wenn nötig auffängt,
und es möglich macht, reichen Ertrag einzusammeln.

Regina Groot Bramel

WEIHNACHTEN

Das Bild des unsichtbaren Gottes

[Schrifttext: Kol 1,12–20]

Sie kennen die Situation: Die Geschenke liegen unterm Christbaum, die ganze Familie ist gespannt, was es denn gibt. Ein großes Paket ist dabei, in buntem Weihnachtspapier. Die Mutter beginnt, es aufzuschnüren. Noch ist nichts zu sehen außer schönem Seidenpapier. Schicht um Schicht wird es abgewickelt, bis endlich das Geschenk herauskommt: ein großer goldener Rahmen. Alle staunen: toll, wunderbar, super! Auf einmal ruft der Jüngste: Wo ist denn das Bild?

Der großartige weihnachtliche Rahmen. Wer möchte ihn missen? Das Fest muss doch einen Rahmen haben. Aber wo ist denn das Bild?

Inbild des Christlichen

Wir hörten soeben das Apostelwort: „Er (Christus) ist das Bild des unsichtbaren Gottes." – Wie soll man das verstehen? Kann es ein Bild von Unsichtbarem geben? Man kann doch nur Sichtbares abbilden, meinen die sogenannten Realisten in unserer technisch-industriellen Wissenskultur. Sie irren. Schon jeder gute Fotograf weiß, dass die Realität viel größer ist, als der Sucher seiner Kamera hergibt. Künstler wissen es erst recht. Paul Klee zum Beispiel wollte ausdrücklich nicht Sichtbares malen, sondern Unsichtbares sichtbar werden lassen. Gilt das nicht entsprechend für die Musik? Und für das Leben überhaupt, für die Liebe? Man sieht nur mit dem Herzen gut, eben das Unsichtbare.

Christus – das Bild des unsichtbaren Gottes, die Ikone, so steht's da im griechischen Urtext. „Ikone" meint nicht irgendeine Abbildung, keinen Schnappschuss mit der Kamera. Unsichtbares kommt da zum Vorschein. Es ist nicht zu fassen – und doch wirklich da. „Du kannst dir kein Bild davon machen", und „du darfst dir kein Bild davon machen" (das Bilderverbot!). Die Ikone des unsichtbaren Gottes ist nicht Menschen-Werk, sondern Gottes Tat. Das Geheimnis, das wir Gott nennen, bleibt unsichtbar. Es ist zu groß für unsere Augen und übersteigt unser Begreifen. Aber in Christus hat es Gestalt gefunden, ein menschliches Gesicht.

„Dich wahren Gott ich finde
in meinem Fleisch und Blut …"
So konkret ist das, ganz unmittelbar, im wahrsten Sinne des Wortes hautnah. Gott steckt in unserer Haut. Ich kann es nicht besser ausdrücken. Sagen wir nicht

oft: In deiner Haut möchte ich nicht stecken … Genau das hat Gott nicht gesagt. Er steckt in unserer Haut. Der Unsichtbare ist faszinierend sichtbar geworden und zur Welt gekommen. Die Weihnachtsgeschichte erzählt von den Alltäglichkeiten unseres Lebens: Herbergssuche, Kinderkrippe, Kind wickeln, und dann die Flucht. Sichtbarer, hautnaher geht's nicht.

Jesus Christus steht für den unsichtbaren Gott – und für den sichtbaren Menschen. Ganz Gott und ganz Mensch! Eine unheimliche Spannung, zum Zerbersten: unsichtbar, nicht zu fassen – sichtbarer Mensch. In ihm dürfen wir anschaulich sehen, wer der unsichtbare Gott ist; und wir dürfen gleichermaßen erkennen, wie Menschwerden geht, wie man Mensch wird – das eine nicht ohne das andere. Er ist der Inbegriff oder besser das Inbild des Christlichen.

Ebenbild Gottes

Im Bild des unsichtbaren Gottes erkennen wir nicht nur uns selbst, sozusagen ganz privat. Weihnachten ist keine Veranstaltung nur für Kirchenleute. Hier geht's um alle Menschen, ja um alle Dinge, um das Ganze:

„Er (Christus) ist der Erstgeborene der ganzen
  Schöpfung,
denn in ihm wurde alles erschaffen ...“

Eine rasante Ausweitung und Zuspitzung! Weihnachten geht es um die ganze Schöpfung. Der unsichtbare
Gott kommt uns in allen sichtbaren Dingen entgegen.
In allem, was ist, will er sich finden und suchen lassen.
Das gilt besonders für uns Menschen. In der Schöpfungserzählung ganz zu Anfang der Bibel steht dieser
Satz:

„Gott schuf den Menschen als sein Ebenbild;
als Ebenbild Gottes schuf er ihn.
Als Mann und Frau schuf er sie.“

Der Mensch als Gottes Ebenbild, als seine Ikone. Im
Namen Jesu Christi, des Erstgeborenen der Schöpfung, ist zu sagen: Jeder Mensch nimmt teil daran,
Bild des unsichtbaren Gottes zu sein. Das ist eine revolutionäre Aussage, sie hat Geschichte gemacht. Es
sind eben nicht Gestirne oder Tiere, die als wirkmächtige Repräsentationen Gottes aufgestellt und angebetet werden (wie in den alten Tempeln in Luxor oder
Athen), es sind nicht Statuen von Priestern und Königen. Der Mensch ist es – jeder Mensch, Adam und Eva,
Mann und Frau. In der Gestalt Christi leuchtet endgültig auf, wie Gott von Anfang an den Menschen gedacht und gewollt hat: Sein Ebenbild zu sein, seine

Statue im Tempel der Welt. Das ist der Ursprung und Angelpunkt der Menschenwürde. Personalität, Freiheit, Gleichheit und Geschwisterlichkeit aller sind hier begründet. Mit Recht wird diese biblische Grundaussage als Fundament der Demokratisierung sozialer und politischer Verhältnisse verstanden. Jeder Mensch ist Mensch – nicht der mehr, der weniger, nicht der eine wertvoll, der andere unwert. Jeder Mensch – Ebenbild Gottes. Das ist seine wahre Größe, seine Hochwürdigkeit.

Das Projekt Menschwerdung

Manch einer wird freilich genau das Gegenteil behaupten, nicht ohne jeden Grund: „Die Krone der Schöpfung, das Schwein, der Mensch" – dichtete Gottfried Benn. In wem steckt nicht Unmenschliches? Wie viele gibt es, die wie Hiob den Tag ihrer Geburt verfluchen, die sich loswerden wollen, die sich selbst und andere in die Luft sprengen. Selbstmordattentäter auf der einen Seite, und auf der anderen Seite Folterknechte in Ländern, die sich als Vorkämpfer der Demokratie verstehen. Ebenbild Gottes? Entartete Gotteskunst?

Soll denn wirklich durch Jesus Christus die ganze

Schöpfung unter göttlichem Vorzeichen stehen? Welch unglaubliche Verheißung angesichts der Welt, wie sie ist, angesichts von uns Menschen, wie wir sind! Wie unsichtbar und scheinbar abwesend bleibt der lebendige Gott oft genug in unserer Erfahrung, wie angefochten ist das Projekt Menschwerdung. Wenn doch endlich überall zur Geltung käme, was wir an Weihnachten feiern: Menschwerdung Gottes, Menschwerdung des Menschen.

Am 24. Dezember 1940 wurde in einem Kriegsgefangenenlager bei Trier ein Weihnachtsspiel aufgeführt. Sein Autor ist ein Gefangener, der Philosoph und bekennende Atheist J. P. Sartre. Er schreibt eine Geschichte, die – wie er sagt – die „weiteste Einheit" zwischen Christen und Ungläubigen zum Ausdruck bringen soll. Das Stück trägt den Titel „Bariona" und schildert die Not der jüdischen Bevölkerung unter dem Joch der Römerherrschaft. So ausweglos scheint die Situation, dass Bariona von seinen Landsleuten verlangt, dass keine Kinder mehr geboren werden, ihre Zukunft sei ja doch der sichere Tod. Da kommt das Gerücht auf, in Betlehem sei ein ganz ungewöhnliches Kind geboren. Manche halten es für den ersehnten Messias. Bariona (Sartre) schüttelt den Kopf, er kann es nicht glauben. Aber tief in seinem Innern lebt ein Traum. Er sagt: „Wenn ein Gott für mich Mensch würde, für mich, liebte ich ihn, ihn ganz allein. Es wären Bande des Blutes zwischen ihm und mir, und für das Danken reichten alle Wege meines Lebens nicht."

„Wenn ein Gott für mich Mensch würde …" – „Dich wahren Gott ich finde in meinem Fleisch und Blut." „Er ist das Bild des unsichtbaren Gottes." Dieses Bild verdient einen goldenen Rahmen, damit wir es nicht aus den Augen verlieren, und nicht aus dem Herzen. Und alle Wege unseres Lebens reichen nicht für das Danken.

Jesus der Christus

Weihnachten – wir feiern Geburtstag. Wer ist das Geburtstagskind, dieser Jesus aus Nazaret, den wir als den Christus bekennen, den Messias? In Zeiten boomender vager Religiosität wird viel über ihn geschrieben in Zeitungen und Magazinen, oft ohne Kenntnis seiner Person. Haben wir eine Ahnung? Versuchen wir uns ihm zu nähern, in wenigen Zügen. Ganz einfach ist es nicht, er hat's in sich. Wer ist er?

Ungewöhnlich gewöhnlich

Denken Sie nicht auch: Jesus gehört in die Reihe der ganz großen Gestalten der Menschheit: Sokrates, Goethe, Bach, Beethoven, Mozart, Rembrandt … Die Top Ten der Menschheitsgeschichte. Doch Jesus begegnet uns in den Evangelien nicht als genialer Übermensch. Er fällt zunächst kaum auf, ist ungewöhnlich gewöhnlich. Er stammt aus ganz einfachen Verhältnissen. Er ist in seiner jüdischen Heimat nie zu einer Spitzenposition aufgestiegen, er hatte weder Rang noch Namen. Er hat nie ein Buch geschrieben, nur kurze Zeit in der Öffentlichkeit gewirkt.

Aber er ist doch der Gründer einer Weltreligion! Viele nennen ihn zusammen mit Buddha oder Mohammed. Die haben versucht, Menschen Zugänge zu Gott zu bahnen. Jesus steht dafür, dass Gott sich einen neuen Zugang zu den Menschen gebahnt hat – nicht hoch hinaus, sondern tief herunter. Er hat Gott vereinbar gemacht mit dem ganz gewöhnlichen Menschsein. Transzendenz nach unten! Jesus – der Name ist Programm: Gott rettet. Er ging dabei bis zum Äußersten, bis in die letzte Hütte, in die Futterkrippe. Gottesgeburt im Stall – das ist Weihnachten.

Jesus hat uns Gott nahegebracht. Seinen Willen und seine Herrschaft hat er gegenüber allen menschlichen Autoritäten unnachgiebig vertreten: ‚Sucht zuerst Gott und sein Reich – alles andere dann …‘ Die Wirklichkeit Gottes war ihm wichtiger als Selbstverwirklichung. Er lud die Menschen ein, sich mit Gott zu versöhnen, nicht nur mit sich selbst. Er wollte verhindern, dass sie bei sich selbst stehen bleiben und nicht über sich hinauskommen, sich in der Sorge um sich selbst erschöpfen. Er gründete ihr Leben in Gott. Das schenkt Freiheit, das lässt aufatmen.

Er sprach vom Salz der Erde, nicht von Honig oder Marmelade. Er hat die Leidenschaft nicht durch Gemütlichkeit ersetzt. Vorsichtig und sparsam mit sich selbst umzugehen war nicht seine Art. Er schonte sich nicht, er setzte sich aus. Er beanspruchte keine Privilegien und pochte nicht auf seinen Besitzstand. Er wollte nicht an anderen verdienen, er diente. Er hatte kaum Geld. Gott war ihm wichtiger als ein sattes Bankkonto. Wenn man heute hierzulande den Eindruck gewinnt, die Kirche bräche zusammen, weil ihr das Geld ausgeht – die Sorge hatte er nicht. Als Patron kirchlicher Wehleidigkeit ist er nicht zu gebrauchen.

Er widerstand der Versuchung, die Welt mit Gewalt in Ordnung zu bringen – kein heiliger Krieger, der um der vermeintlich guten Sache willen über Leichen geht. Er war überzeugt, dass es besser ist, den

Erfolg zu opfern als Gottes Liebe. Er war so frei, sich verschenken zu können. Er ließ nicht andere für sich sterben, sondern starb für die Menschen – „für euch und für alle". Krippe und Kreuz – er ist sich treu geblieben.

Aus Gott geboren

Noch einmal: Wer ist der in Betlehem geborene Jesus, den wir als den Christus bekennen und der uns den Namen gibt? Einen Augenblick könnten wir denken: Er ist ein religiöses Genie, ganz außergewöhnlich begabt in Sachen Gott. Ist damit alles gesagt? Was für seine Göttlichkeit spricht, ist nicht allein aus den Qualitäten seiner Menschlichkeit zu erklären. Die Evangelien bezeugen, dass er noch aus einer anderen Wurzel lebt, die nicht in der Zeit gewachsen ist.

Bei einem Kind sagen wir oft: „Schau her, ganz der Vater, ganz die Mutter …" Jesus ist nicht einfach nur aus seinem jüdischen Stammbaum erwachsen. Er ist auch nicht die Gipfelleistung der Menschheit, ein Glücksfall der Evolution. Es gibt nichts im Schoß der Natur, nichts in der menschlichen Fruchtbarkeit, das ihn hervorbringen könnte. Er ist von Gottes Art: „empfangen durch den Heiligen Geist, geboren von

der Jungfrau Maria". Jesus trägt das Feuer des Gottes-
geistes mitten in unser gewöhnliches irdisches Dasein.
Und zugleich ist er wie ein Pfeil, der von uns aus weit
über die Natur hinausgeht auf Gott hin. Zweifach
spricht er das Ja – von Gott her in die Welt und von
der Welt her zu Gott. In ihm entdecken wir beides:
Wer Gott ist und wer der Mensch ist. Er ist der Sohn
Gottes und der Menschen.

Jesus will keine Fans, sondern Nachfolger. Es genügt nicht, ihm von der Tribüne her Beifall zu klat-
schen. Es kommt darauf an, seinen Weg einzuschla-
gen. Die Wahrheit seines Lebens will uns Beine
machen, wie den Hirten auf den Feldern Betlehems.
Sie ist nicht im Sitzen zu erledigen. Er ist uns voraus,
und wir sind hinter ihm her. Sind wir's?

Das goldene Wort

[Schrifttext: Joh 1,1–18]

Reden ist Silber, Schweigen ist Gold. Es kann auch
umgekehrt sein: Das Wort, das aus dem Schweigen
kommt, ist Gold wert, ein goldenes Wort. Schweigen
und Wort sind kein Gegensatz, sie erschließen sich

wechselseitig. Ohne Schweigen wird das Wort zum Geschwätz. Ohne Wort führt das Schweigen zum Verstummen. Das Schweigen ist der Mutterschoß des Wortes.

Flut der Wörter

An Worten mangelt's heute nicht. Es wird viel geredet, nicht nur an der Theke und in Konferenzen: Medien, Internet, Handy … Information ist alles, so wichtig, dass wir unser Zeitalter danach benennen: das Informationszeitalter! Wörter am laufenden Band, wie aus Wortfabriken. Kann man davon leben? Das Neueste heute ist morgen schon wieder von gestern.

Ist das in den Kirchen anders mit dem Wort? Viele unter uns werden den Verdacht nicht los, bei der Flut der Wörter in den Gottesdiensten, bei der Inflation kirchlicher Verlautbarungen und Papiere um das Eigentliche betrogen zu werden: Immer neue Instruktionen statt Inspirationen, wortreich, aber inhaltsarm. Ob wir mit alledem schließlich Gott totreden? Wer Gott nur bespricht, verschweigt das Wichtigste. Für den Unfassbaren ist Schweigen das beredteste Zeugnis.

Nur ein Wort

Es gibt Situationen, da bricht das pausenlose Gerede auf einmal ab. ‚Da fehlen mir die Worte‘. ‚Nicht zu fassen, ich bin einfach sprachlos‘. Wenn sich dann das rettende Wort einstellt – das ist wie eine Erlösung.

„Kam, kam.

Kam ein Wort, kam,

kam durch die Nacht,

wollt leuchten, wollt leuchten …“

Dem Dichter Paul Celan bleibt das Wort im Halse stecken nach den abgründigen Erfahrungen der Schoah, des Holocaust. Unheimlich dieser Weg des Wortes durch die Nacht: „Kam, kam durch die Nacht.“ Es kommt kaum noch durch. Und doch will es durch die Finsternis hindurch zum Leuchten kommen. *Ein* Wort! Es lässt hoffen.

„Sprich nur ein Wort, so wird meine Seele gesund …“, beten wir. Wir brauchen und können uns das entscheidende Wort nicht selber sagen. Es ist uns gesagt. Gott hat es uns gesagt: „Im Anfang war das Wort …“

Gott macht nicht viele Worte. Es ist wie am Schöpfungsmorgen. Er spricht nur dieses eine Wort, das Leben schafft: Jesus! Damit ist alles gesagt:

„In ihm war das Leben,
und das Leben war das Licht der Menschen,
und das Licht leuchtet in der Finsternis …"
Da geht mir ein Licht auf. Licht heißt Leben.

Auf Augenhöhe

Gott spricht sein Wort nicht über unsere Köpfe weg,
sondern auf Augenhöhe, von Mensch zu Mensch.
„Und das Wort ist Fleisch geworden …" Mit anderen
Worten: Gott steckt in unserem Fleisch und Blut. Er ist
nicht in eine virtuelle Welt gekommen, nicht in eine
Traumwelt, sondern dorthin, wo wir sind; dorthin, wo
Schafställe stehen und Futterkrippen; dorthin, wo
Menschen hungern und abgehängt werden; dorthin,
wo Sünder und Sünderinnen leben, Aussätzige und
verlorene Söhne; dorthin, wo Gerechte aufs Kreuz gelegt werden. In diese unsere Welt ist er gekommen. Er
hat nicht von oben herab alles regeln wollen, er ist
auch dem Letzten noch Bruder geworden. Das ist
nicht zu fassen. Da fehlen einem die Worte. Wer's be-
denkt, der geht in die Knie und betet an. „Kommt,
lasset uns anbeten …"

Gott ist nicht zur Welt gekommen, damit wir uns
darüber die Köpfe heißreden – und unser Herz bleibt

kalt. Er will unser Herz erwärmen. So wie wenn jemand an unsere Seite tritt und sagt: Du kannst auf mich zählen, ich lasse dich nicht allein. ‚Du bist mein, ich bin dein.' Das sagt Gott uns mit Weihnachten, nur ein Wort: Jesus. Ein goldenes Wort.

Friede auf Erden

[Schrifttext: Jes 9,1–6]

Ein Gefühl wie Weihnachten?

„Gesetzt den Fall, Sie haben noch keinen umgebracht, womit erklären Sie sich das?" Diese provozierende Frage aus dem zweiten Tagebuch von Max Frisch ist so verblüffend wie erhellend. Nichts ist verdächtiger, als wenn jemand vorgibt, nur das Gute zu wollen. Für ihn sind die Bösewichter immer die anderen. Nein, die Gewalttätigkeit steckt als Versuchung in uns. Wir alle sind hineinverwickelt in dieses unselige Geflecht von Rivalität und Rache, von Machtlust und Gewalttätigkeit. Wir wollen immer mehr kriegen – und stecken damit schon mittendrin in den Kleinkriegen und Großkriegen.

Wir erleben gerade in diesen festlichen Tagen auch das andere. „Ein Gefühl wie Weihnachten", sagen wir. Es ist, wie wenn sich unser Leben für Augenblicke ändert und sich in aller Welt eine neue Bereitschaft regt, es noch einmal mit dem Frieden zu wagen. Wir spüren, dass die Liebe mehr Recht hat als der Hass. Wir ahnen, dass es einen „Mehrwert" des Lebens gibt, eine bessere Welt. Ist das nur ein Rausch, oder steckt mehr dahinter? In jedem von uns lebt von Kindheit an ein Wissen oder doch eine Ahnung vom wahren Leben, von Frieden und Heil. Die Sehnsucht danach ist nicht totzukriegen.

Es ist paradox: Oft ist gerade an Weihnachten der Teufel los. Beides ist in uns, in der Welt. Im vorigen Jahr haben wir das Friedenslicht von Betlehem hier in den Gottesdienst geholt. In diesem Jahr sind in Betlehem die Lichter aus, es wird geschossen. Vor Jahren fanden Hunderttausende von Kriegsflüchtlingen bei uns Unterkunft. Heute wendet sich die rechte Gewalt gegen Ausländer. Beides steckt in uns. Wenn Christen Frieden sagen, dann meinen wir nicht „Friede – Freude – Eierkuchen". „Der Christ liebt niemals christlich, wenn er das Böse außer Acht lässt" (Madeleine Delbrêl).

Was tun? Wie ist die Gewalt zu bändigen? Nur durch Gegengewalt? „Wie du mir – so ich dir …" Das

32

kennen wir, es ist sicher nicht von der Hand zu wei-
sen. Aber im Grunde ist das keine besonders intelli-
gente Lösung: Gleiches mit Gleichem.

Gott geht einen anderen Weg, der Prophet kün-
digt ihn an.

Herrschaft des Kindes

„Ein Kind ist uns geboren, ein Sohn ist uns geschenkt.
Die Herrschaft liegt auf seiner Schulter; man nennt
ihn: Wunderbarer Ratgeber, Starker Gott, Vater in
Ewigkeit, Fürst des Friedens. Seine Herrschaft ist groß,
und der Friede hat kein Ende" (Jes 9,5 f.). Ein Kind soll
an die Regierung kommen. Die Herrschaft ruht auf
seinen Schultern, auf den Schultern des Kindes. Vielleicht denken Sie: Jetzt reicht's. Das Regieren ist doch
keine Kinderei. Wen immer Jesaja als Königskind aus
dem Stamm Davids im Auge gehabt hat, an Weihnachten mündet diese alte Hoffnung in einen neuen
Namen: Jesus von Nazaret! Das Kind in der Krippe –
nichts von Familienidylle oder Lagerfeuerromantik
draußen auf freiem Feld. Die Krippe erfüllt nicht die
Luxusträume des Wohlstandes, nicht die Ansprüche
eines Popstars an eine Traumhochzeit im Schloss, sie
bietet hartes Stroh. Es geht um diese unsere Erde. Da

soll das Kind zur Herrschaft kommen und mit ihm der Friede.

Oft wird das Jesuskind mit der Weltkugel in der Hand dargestellt. Sie kennen sicher auch die Szene, wie die Drei Könige aus dem Morgenland am Ziel ihres Weges ihre Kronen abnehmen und sie vor dem Kind in der Krippe niederlegen. Ein Kind wird zum Zeichen. Weihnachten steht nicht im Zeichen des starken Mannes, der endlich kurzen Prozess macht, sondern im Zeichen eines wehrlosen Kindes, das wächst und heranreift. Und mit ihm kommt der Friede.

Eine neue Art von Herrschaft kommt in Betlehem zur Welt. Gott regiert nicht mit eisernem Zepter von oben herab, er steckt in unserer Haut. Er ist ganz dicht an der Seite der Menschen. Er lebt mitten unter uns, nur anders als wir. Er zerbricht den Stock des Treibers (9,3), indem er sich von Pilatus den Rohrstock in die gefesselten Hände stecken lässt. Den Soldatenmantel (9,4) vernichtet er, indem er ihn sich zum Spott umhängen lässt und mit seinem eigenen Blut tränkt. Das Joch zerbricht er (9,3), indem er das Kreuz auf seine Schultern nimmt. Man kann nicht vom Kind in Betlehem sprechen, ohne zu bedenken, welchen Weg Jesus gegangen ist.

Friede vor Ort

Gewalt ist keiner der Namen Gottes. Gottes Stärke ist sein Gewaltverzicht. Erlöst sind wir nicht durch die Macht der Mächtigen, sondern durch den, der als wehrloses Kind zur Welt kam: Jesus Christus ist unser Friede.

Gott sei Dank haben in unseren Tagen Wörter wie Gewaltprävention, Gewaltverhütung, Gewaltminderung in der Sicherheitspolitik einen ganz neuen Stellenwert bekommen. Nur so werden die uralten Teufelskreise von Gewalt und Gegengewalt, von Demütigung und Rache durchbrochen. Nur so werden nicht immer neu aus Opfern Täter und aus Tätern Opfer. Nur so ist das Ende einer gewalttätigen Auseinandersetzung nicht zugleich der Beginn, neue Gewalttaten zu planen. So bereiten wir schon jetzt jene Ordnung des Friedens vor, die zu ihrem Schutz keiner Androhung von Gewalt bedarf, weil sie auf wechselseitigem Vertrauen und auf Gerechtigkeit gründet.

Das erste Stück Welt, in dem der Friede Christi Gegenwart werden will, sind wir selbst in unseren Beziehungen. Dort wo wir in Kleinkriege und Stellvertreterkriege verwickelt sind, wo wir mit Schlagwörtern aufeinander einschlagen und uns und andere kaputtmachen, dort steht der Friede auf dem Spiel.

Welche Bilder prägen uns, welche Gedanken leiten unser Handeln? Ist es nicht verrückt, dass wir – frei Haus geliefert – immer mehr Gewalt anschauen, und dann knallt's am Ende. Das gilt nicht nur für Kinder und Jugendliche. Mit welchen Bildern lassen wir unsere Seele bestrahlen? Wenn die Ur-Bilder des Glaubens durch zerstörerische Bilder abgelöst werden – das hat Folgen. Wir werden uns wundern.

Die Wende zum Frieden in Gerechtigkeit, die wir im Weltmaßstab erbitten, beginnt vor der eigenen Tür, in unserem persönlichen Leben. „Und der Friede hat kein Ende" (9,6), verheißt der Prophet. Unsere Aufgabe ist es, damit vor Ort anzufangen.

Engel von anderer Art

[Schrifttext: Lk 2,8–14]

Rückkehr der Engel

Fast hatten wir schon gedacht: Die Engel sind weg. Sie sind ja auch nicht so wichtig, wir können auf sie verzichten – modern und aufgeklärt, wie wir sind. Auf einmal aber sind sie wieder da. Kaum zu glauben! Sind

36

sie nur eine saisonbedingte Staffage zur Weihnachtszeit? Weit gefehlt. Sie füllen wie kaum ein anderes Thema Akademieabende und die Literatur. Offenbar sind sie nicht totzukriegen. Seltsam: Während Gott fern scheint oder nicht mehr bekannt wird, rückt er vielen Menschen näher durch seine Botschafter, durch die Engel.

Menschen, die das Christentum nicht mehr kennen oder kennen wollen, interessieren sich doch für diese schwebenden Wesen zwischen Himmel und Erde. Was weckt das Interesse? Sind es die Flügel, die über den Alltag hinaustragen und Geborgenheit versprechen? Ist es der Wunsch, die gewusste und durchschaute Welt zu überschreiten und das Licht einer neuen Welt zu erblicken? Ist es die Sehnsucht nach einer ganz anderen Welt, die gütiger ist als unsere und uns aufatmen lässt? Wo alles geplant und gemacht ist, da wird die Welt eng, da sitzen wir schließlich eingesperrt im Spiegelsaal der Ich-AG. Die Wiederkehr der Engel gibt zu denken. Menschen spüren, dass es noch etwas ganz anderes gibt als das, was wir produzieren und konsumieren – ein Leben jenseits des Marktes.

Aber die Engel, die wir uns selbst zurechtmachen, in Werbung und Konsum, bringen uns nicht weiter. Sie offenbaren nur, wie schnell wir uns mit uns selbst zufriedengeben und gefangen bleiben in unseren selbstgenügsamen Vorstellungen und Erwartungen. Sie sind langweilig und überraschungslos, spiegelbildlich zu unseren Interessen und Bedürfnissen, geklont, mehr nicht. Soll das alles sein?

Der Engel des Herrn

Nein, sagen die Engel der Weihnachtsgeschichte. Sie bewahren uns vor der Diesseitsfalle. Sie leiten uns an, den Pfeil der Hoffnung und Sehnsucht weiter fliegen zu lassen als unser Auge reicht und unser oft eng begrenzter Horizont. Der Engel des Herrn, der unter die Hirten tritt, ist kein selbstgemachter Engel, er ist von anderer Art. Er ist Botschafter Gottes, seine Ausstrahlung. Da kann einem Hören und Sehen vergehen. Wir kennen das doch: Situationen, da kann man die Engel singen hören. Situationen an der Grenze! Das ist Weihnachten, eine Grenzerfahrung eigener Art, eine Botschaft, die nicht aus uns kommt, sondern zu uns, von jenseits unserer selbst. Wo Gott sich durch seinen Engel so direkt zu Wort meldet, da verschlägt's einem die Sprache. Menschen erschrecken und geraten außer sich.

Das erste Wort, das der Gottesbote den Hirten zu

sagen hat: „Fürchtet euch nicht!" Nicht durch eigene Kraftanstrengung oder Selbstbeschwichtigung kommen die Hirten wieder zu sich. Nein, vom Engel des Herrn muss es ihnen gesagt werden: „Fürchtet euch nicht!" Es ist so, als ob Gott seinem Sohn einen angstfreien Raum schaffen will, in den hinein er geboren wird. Wo Gott handelt, da haben unerlöste Angst und Furcht kein Bleiberecht. „Fürchtet euch nicht!" Und weiter: „Heute ist euch der Heiland geboren; er ist Christus, der Herr." Das ist die Mitte der Engelbotschaft. Das ist nicht menschliche Erfindung oder Menschenwerk. „Gott …, durch die Botschaft des Engels haben wir die Menschwerdung Christi, deines Sohnes, erkannt." Ganz Gott und ganz Mensch, in einer Person. Mit anderen Worten: Gott steckt in unserer Haut. „Dich wahren Gott ich finde in meinem Fleisch und Blut …", singen wir. Da wird der übliche Lauf der Dinge unterbrochen. Da bricht eine andere Welt in unsere alltägliche Welt ein. Da beginnt eine neue Geschichte. Gott vereinigt sich mit dem Menschen, mit jedem Menschen.

Das älteste Weihnachtslied

Grund genug, Gott die Ehre zu geben. Das tun die Engel. Das große himmlische Heer lobt Gott: „Ehre Gott in der Höhe." Das Gotteslob – wir haben es als Buch in der Hand. Aber können wir die Sache selbst noch mit vollziehen? Weihnachten könnte uns einen Anstoß geben.

Haben Sie das schon mal bedacht? Es gibt kaum eine Zeit im ganzen Jahr, in der so viel gesungen wird wie jetzt. Der Chor singt hier und wir alle, nicht nur in der Kirche, sondern auch zu Hause und überall, wo Weihnachten gefeiert wird. Wir singen. Das ist wohl mit das Beste, was wir an Weihnachten tun können: Wir bleiben nicht länger unter uns. Wir preisen Gott – so sagt es die Weihnachtspräfation – „mit allen Chören der Engel und singen vereint mit ihnen das Lob deiner Herrlichkeit".

Kann man das erklären? Da sagt ein Mensch zum anderen: Du, ich liebe dich! Das ist nicht zu fassen. Wenn das geschieht, wird ein Fest gefeiert und wir singen. Das ist das Beste, was wir dann tun können, dass wir eigentlich gar nichts mehr tun, sondern einfach feiern und uns freuen, dass es das gibt, dass es das Geheimnis der Liebe gibt.

Und wenn Gott sagt: Du, Mensch, ich liebe dich!?

Das ist – weiß Gott – nicht zu fassen. Das ist unbegreiflich. Davon kann man sich nur ergreifen lassen. Wo das geschieht, da feiern wir ein Fest und singen. Das Gotteslob kann nur gelingen, wenn wir nicht mehr nur nach Zweck und Nutzen fragen und was es uns bringt. Entscheidend ist, dass wir aus uns herausgehen, außer uns geraten, dass wir von Gott hingerissen sind und uns darüber freuen, dass er da ist – einfach nur so!

Das erste Weihnachtslied haben die Engel gesungen. Engel loben, sie meckern nicht. Ob das chronische Jammern über die schlechten Zeiten der Grund ist, weshalb vielen das Loben abhandengekommen ist? Es gibt eine negative Genüsslichkeit, die sich ergeht in Stohnen über die Schattenseiten unserer Republik und der Kirche und sich dabei äußerst progressiv vorkommt. Ein Jammern auf hohem Niveau! Aus der Perspektive der Armen (denken Sie an Adveniat!) ist das der Luxus einer Wohlstandsgesellschaft und Wohlstandskirche; dem Einsatz um mehr Gerechtigkeit für alle ist damit wenig geholfen.

Die Wiederkehr der Engel sollte uns veranlassen, die Geister zu unterscheiden. Sind es nur hausgemachte und hausbackene Engel, mit denen wir schließlich allein bleiben unter uns? Oder ist es der Engel des Herrn, der uns zu Gott führt, zu seiner Menschwerdung? Die Botschaft braucht Boten, sie braucht Menschen wie uns. Gott braucht uns für seine unfassbaren Vorhaben. Er braucht unsere Hoffnung, unseren Glauben, unser Herz. Er braucht unseren Mut, dass wir unser Leben auf seine Verheißung setzen.

Die Würde des Menschen

Gott würdigt den Menschen

Levi Jizchak sucht gegen den Willen seines Schwiegervaters einen bekannten Rabbi in Nikolsburg auf und bleibt einige Zeit bei ihm. Als er zurückkommt, fragt ihn der Schwiegervater spöttisch: „Nun, was hast du schon bei ihm gelernt?" „Ich habe gelernt", antwortet Levi Jizchak, „dass es einen Schöpfer der Welt und der Menschen gibt." Der Schwiegervater lacht ihn aus, ruft seinen Diener herbei und fragt ihn: „Ist dir bekannt, dass es einen Schöpfer der Menschen gibt?" „Selbstverständlich", nickt der Diener. „Ja", sagt Levi Jizchak nachdenklich, „alle sagen es, aber erlernen sie es auch?"

„Alle sagen es", viele jedenfalls: „Ich glaube an Gott … den Schöpfer des Himmels und der Erde …", den Schöpfer des Menschen. Wissen sie auch, welche Konsequenzen das hat? Erlernen sie es? An keinem anderen Punkt sind wir heute durch Wissenschaft und Gentechnik so herausgefordert wie hier. Und keine andere Botschaft antwortet so eindeutig wie die von Weihnachten, dem Fest der Menschwerdung Gottes: Gott würdigt den Menschen.

Das Weihnachtsgebet (aus der Zeit Papst Leos des Großen) bringt es seit 1500 Jahren auf den Punkt: „Gott, du hast den Menschen in seiner Würde wunderbar erschaffen und noch wunderbarer erneuert …" Da ist das Wort, das wie kein anderes in der Bioethik-Diskussion in aller Munde ist: die Würde des Menschen. Jeder beruft sich darauf und nimmt sie für sich in Anspruch. „Alle sagen es, aber erlernen sie's auch?" Kann man die Würde des Menschen erlernen, wenn man nicht erlernt oder verlernt hat, dass es einen Schöpfer und Erlöser gibt?

Lange bevor die Menschenwürde als unantastbar in Grundgesetz und Menschenrechte eingegangen ist, ist sie im christlichen Glauben grundgelegt und hat unsere abendländische Kultur geprägt. „Gott, du hast den Menschen in seiner Würde wunderbar erschaffen …" Erschaffung der Welt und des Menschen – das Urdatum unserer Existenz. Wir sind Gottes Ebenbild.

Würde statt Wert

Doch damit nicht genug: „Gott, du hast den Menschen in seiner Würde noch wunderbarer erneuert …" Das ist Weihnachten: Gott gibt uns teil an seiner göttlichen Natur, indem er Mensch wird. Mit anderen Worten: Er steckt in unserer Haut, in unserem Fleisch und Blut; er ist ganz darin eingefleischt. Das ist der Angelpunkt der Menschenwürde. Ob Frau oder Mann, schwarz oder weiß, Christ oder Nichtchrist, jeder und jede sind unwiderruflich von Gott gewollt und angenommen. Kann man Größeres vom Menschen sagen? Christen lassen sich von niemandem darin übertreffen, groß vom Menschen zu denken. Mensch, erkenne deine Würde!

Und das sei gleich dazugesagt, damit Klarheit herrscht an diesem Punkt und nicht das Wischiwaschi einer wortreichen und oft allzu vollmundigen Wertefreudigkeit: Der Mensch hat nicht nur einen Wert, sondern seine Würde. Das Wort „Wert" stammt vom Markt, aus der Ökonomie. Ein Produkt ist etwas wert, hat seinen Preis. Man kann dieses Wort nicht einfach auf den Menschen übertragen. Immanuel Kant hat das klar formuliert: „Was einen Preis hat, an dessen Stelle kann auch etwas anderes … gesetzt werden; was dagegen über allen Preis erhaben ist …, das hat eine

Würde." Die darf man nicht zu Markte tragen und darüber verhandeln. Die ist nicht austauschbar oder verfügbar. Sie ist nicht an Bedingungen geknüpft, sondern gilt unbedingt. Sie schützt davor, dass der Mensch Mittel zum Zweck wird. Das ist unter seiner Würde. Ahnen Sie, was das heißt: Gott als den Schöpfer und Erlöser zu erlernen? Gott garantiert die Würde des Menschen.

Auslese?

Das fundamental Neue an der Gentechnik ist dies: Der Mensch gestaltet und verändert nicht mehr nur seine Umwelt – er legt Hand an sich selbst. Neue Möglichkeiten fordern neue Verantwortung heraus, vor Gott und vor der Würde des Menschen. Alles steht auf dem Spiel, wenn's ums Leben geht, erst recht, wenn's ans Leben geht. Kann man nach Belieben in Fortpflanzungsprozesse eingreifen? Schließlich „erschaffen" Eltern ihre Kinder nach ihrem eigenen Bild, als Spiegelbild ihrer Wünsche und Träume. Die Gene wird man wohl bald schon nach dem Katalog zusammenstellen können. Trends bestimmen, wie ein Wunschkind aussehen soll. Kinder werden zum Produkt ihrer Eltern und sind an deren Maß gekettet. Das ist unter ihrer

Würde. Ebenbild von Menschen oder Gottes Ebenbild – das ist ein himmelweiter Unterschied. „Ebenbild Gottes" schenkt dem Menschen die Freiheit, er selbst zu sein und es immer mehr zu werden, seinen eigenen Weg zu gehen. „Ebenbild Gottes" garantiert Kindern die Freiheit, ein Original zu sein, keine Kopie, kein Abziehbild der Eltern. Gott bürgt für Freiheit. „Du sollst dir kein Bildnis machen von Gott, deinem Herrn, und nicht von den Menschen, die seine Geschöpfe sind" (Max Frisch, „Andorra").

Neue Möglichkeiten – neue Verantwortung. Die verfeinerten Methoden der vorgeburtlichen Früherkennung sind eine zweischneidige Sache. Auf der einen Seite erhöhen sie die Heilungschancen, auf der anderen Seite fördern sie die Tendenz, nicht nur nach den Schwächen eines Kindes zu fahnden, sondern nach den Schwachen. Da wird ausgewählt – früher sprach man von Selektion. Wer heute noch ein erbkrankes Kind zur Welt bringt, ist dann „selber schuld". Die Auswahl zwischen „wertvollen" und „unwerten" Kindern ist unter der Würde des Menschen. Nur Gott garantiert die Würde der Schwachen. Ahnen Sie, was das heißt: Gott als den Schöpfer erlernen?!

„Gott ist tot", ruft der „tolle Mensch" in Nietzsches „Die fröhliche Wissenschaft". Was aber „ist", wenn Gott tot ist? Der Schrei „Wohin ist Gott?" findet bei Nietzsche ein Echo, das nachdenken lässt. Es lautet: „Wohin denn der Mensch?" Diese Frage stellt sich heute in aller Schärfe: Wohin geht der Mensch, wenn er sich von Gott verabschiedet hat? Geht er zum Teufel? Geht er vor die Hunde? Er wird heute immer mehr sein eigenes Experiment. Alles wird technisch produzierbar, am Ende auch der produzierende Mensch. Er produziert sich selbst. Wer dem widerstehen will, der kann das, wenn es zum Schwure kommt, nur im Namen Gottes. Die Würde des Menschen hat nur einen Fels, der in der Brandung standhält: Gott! Ahnen Sie, was heute von Neuem zu erlernen ist?

„Wir haben seinen Stern gesehen …"*

[Schrifttext: Mt 2,1–12]

Lang ist's her

Sie hatten seinen Stern gesehen, die drei. Doch das war lange her. Sie hatten seinen Stern gesehen … Der

---

* Die Idee zur Predigt und zahlreiche Formulierungen verdanke ich Andreas Unfried.

hatte sie vom Stuhl gerissen und aus den Matratzen. Aufbruch im Morgengrauen des Lebens. Sie hatten sich auf den Weg gemacht. Doch den hatten sie sich ganz anders vorgestellt: gradliniger, einfacher, klarer und zielstrebiger, nicht über Autun oder Limburg, sondern direkte Luftlinie nach Betlehem. Und nun liegen sie da am Boden und schlafen, alle unter einer Decke, damit sie nicht frieren – ohne Heizung.

Man kann ja auch wirklich müde werden und verzweifeln. Ständig kam etwas dazwischen: päpstliche Instruktionen, Verordnungen im Amtsblatt, Skandal unter den Getreuen … Von den immer gleichen Problemen gar nicht zu reden: Die Leute sind stur, kapieren's nicht, wollen ewig alles beim Alten lassen … Und dann ging auch noch das Geld aus.

Sie hatten einen Stern gesehen. Doch das war lange her. Und der eine war müde geworden, und der andere war frustriert, und der Dritte war einfach sauer und wütend zugleich. Und alle drei hatten sie Blasen an den Füßen und waren lahm geworden. Die Jüngsten waren sie ja schließlich auch nicht mehr. Sie gingen weiter, weil sie halt mal gegangen waren, der Macht der Gewohnheit folgend, nicht dem eigenen Triebe. Die Vision des Aufbruchs war längst auf der Strecke geblieben.

Sie hatten einen Stern gesehen. Aber darüber re-

Der Traum der Magier. Relief; Autun, Musée Lapidaire.
© Wikimedia Commons

deten sie schon lange nicht mehr miteinander; es wäre
ihnen fast peinlich gewesen, das Gespräch darüber
war versickert. Andere Themen hatten sich aufge-
drängt: Wer und was sich alles bei den anderen än-
dern müsste; wo man wirklich sparen könnte, und
was einem alles nicht passt, überhaupt und so.

So kam es, dass sie irgendwann alle drei unter
einer Decke steckten auf einer bequemen Matratze,
irgendwo in Frankreich. Burgund ist das schlechteste
nicht – der Wein, der Käse ... Da kann man's zunächst einmal aushalten. Bitte nicht stören!

49

Der störende Engel

Wenn da nicht dieser Engel wäre, der die Schlafenden energisch anstupst. Er zeigt auf den Stern. Entschuldigt, sagt er, wenn ich störe, da war doch noch etwas. Da war doch ein Stern, erinnert euch, der hatte euch nicht in Ruhe gelassen. Der hatte euch vom Stuhl gerissen und aus den Matratzen. Ihr wolltet nicht einfach so weitermachen …

Ja, ja, schon gut, sagt der eine unter der Decke und macht nicht mal die Augen auf. Stern, Engel – da kann ja jeder kommen. Er dreht sich um und schläft weiter.

Lass mich in Ruhe mit dem Stern, sagt der andere unter der Decke. Ich bin in meinem Leben schon vielen nachgelaufen. Ich habe schon so viele Aufbrüche zusammenbrechen gesehen, von kirchlichen Ordnungen und Instruktionen ausgebremst. Verschone mich mit solchen Sternen. Ich hab meine Decke, basta!

Einer von den dreien hat die Augen aufgemacht. Nicht dass er den Stern noch im Blick hätte. Er schaut in eine ganz andere Richtung. Aber die Augen hat er immerhin aufgeschlagen. Der Engel stupst ihn an: Schau mal, der Stern! Du brauchst bloß den Kopf zu drehen, umzukehren. Ganz nah ist er bei dir, der Stern. – Die drei bleiben liegen …

Mensch Engel, was nun? Was willst du jetzt tun?

Ziehst du den dreien die warme Decke weg? Sie werden dich zum Teufel wünschen und sich endgültig in die Ofenecke verkriechen. Mensch Engel, überleg's dir.

Noch ist nicht aller Tage Abend

Es gab einmal den Tag, da haben wir seinen Stern gesehen. Es gab einmal den Tag, da hat's uns von den Stühlen gerissen und wir sind aufgebrochen. Und schließlich sind wir immer noch dabei, wie auch immer. Mag sein, dass wir uns zur Ruhe gesetzt oder gelegt haben und denken: Sternzeiten, das war einmal, das ist lange her. Aber noch sind – hoffentlich – die Augen offen, und irgendwie, lahm oder angeschlagen, sind wir immer noch auf dem Weg. Innen drin, ganz tief im Herzen ahnen wir vielleicht, dass der Stern uns gar nicht so fern ist. Wenn uns doch nur ein Engel anstupsen würde: Schau her, mach die Augen auf! Kehr dich um! Dein Stern, ganz nah, ganz nah …

Von den drei Magiern heißt es im Evangelium, dass sie auf dem Weg geblieben sind. Mehr noch: Sie haben sich nicht einmal im Palast des Herodes länger aufhalten lassen, obwohl es dort molligere Polster und Decken gab als in Autun. Und schließlich sind sie noch rechtzeitig angekommen in Betlehem, alle drei. Alle Achtung!

Noch ist nicht aller Tage Abend – das neue Jahr fängt gerade erst an. Und: Man soll die Hoffnung nicht aufgeben, mit der Kirche nicht, mit unserer Gemeinde nicht, und nicht – jeder und jede hier – mit sich selbst.

KARFREITAG

Todesbilder

Der Tod hat viele Gesichter, sagen wir. Das ist wahr. Gibt es Bilder, die wahrhaftiger als andere erkennen lassen, was der Tod bedeutet? Was verrät die Art des Sterbens über das Leben?

Kontrasterfahrungen

Von der Unsterblichkeit der Seele überzeugt, lehrt Platon, die Weisheit des Lebens liege in der Einübung des Sterbens. In Sokrates sieht er diese Kunst beispielhaft verwirklicht. Der trinkt gelassen den verhängten Schierlingsbecher und erkundigt sich nach der Wirkung des Giftes. Er ermuntert seine Freunde zur Heiterkeit. – Das Bild des sterbenden Buddha: liegend, den Kopf auf einen Arm gestützt, milde lächelnd, ganz entspannt. Lehrend verabschiedet er sich von seinen Jüngern. Beeindruckende Bilder vom Sterben, vom Sterben in Würde, fast idyllisch.

Ganz anders die Passion, die wir soeben gehört haben. Sie zeigt Jesus im Ölgarten am Abend vor seiner Hinrichtung. Auch er ist in Begleitung von Jüngern, aber die schlafen. Er ahnt, was ihm bevorsteht – nichts Gutes. Er kämpft mit Gott, mit sich, er wehrt

sich mit allen Kräften gegen das, was er auf sich zu-
kommen sieht. Todesangst schüttelt ihn. Er schwitzt
Blut. Er entscheidet sich, nicht vor den heranziehen-
den Häschern zu fliehen. Die Entscheidung führt in
ein qualvolles Sterben, in den schmählichen Kreuzes-
tod.

Der Sieger mit der Dornenkrone

Das Zeichen unseres Glaubens ist nicht der Held mit
dem Lorbeerkranz, sondern der gekreuzigte Gottessohn mit der Dornenkrone. Matthias Grünewald hat
ihn auf dem Isenheimer Altar dargestellt. Ein Bild des
Grauens, ein Bündel gemarterten Fleisches. Der Leich-
nam Jesu auf dem Grablegungsbild unterhalb des
Kreuzes zeigt schon erste Spuren der Verwesung.
Nichts von gelassener Heiterkeit, man spürt ganz brutal den Schrecken des Todes.

Jesus ist nicht der strahlende Sieger, der unberührt
über den Leiden der Menschen und unangefochten
über seinem eigenen Schicksal steht. Er geht die dunklen Wege der Ohnmacht und Niederlagen. Er verzichtet im Ölgarten auf das Schwert und auf die Engel-Le-
gionen. Er geht freiwillig in ein Gerichtsverfahren, das
ihm keine Chance lässt. Er lässt sich lieber nieder-

schlagen und aufs Kreuz legen, als dass er zurück-
schlägt.

Die Leute sagen: Wenn du der Sohn Gottes bist,
dann zeig, was du kannst. Steig herab vom Kreuz.
Einem Gottessohn kann doch nichts passieren. –
Welch ein Irrtum! Diesem Sohn Gottes passiert fast
alles, was einem Menschen passieren kann.

Die Macht des Ohnmächtigen

Ist das Schwäche? Von außen betrachtet mag das so
scheinen, in Wahrheit liegt da Gottes Stärke und verwandelnde Kraft. Sie bewegt etwas, sie verändert die
Verhältnisse von Grund auf. Die Stärke, die sich die
Starken gegenseitig zuschieben oder sich streitig machen, erhält den Status quo: hier Mächtige, dort Ohnmächtige. Jesus dagegen lässt uns Gott in der Ohnmacht entdecken. Seine verwandelnde Macht
umfängt nicht nur die Starken, sondern auch und gerade die Schwachen.

Es ist und bleibt für uns anstößig: Gerettet und
erlöst sind wir nicht durch die Macht der Mächtigen,
sondern durch die Teilnahme Gottes an unserer Ohnmacht, durch sein Mitleiden und seine Treue bis in
den Tod. Damit wird die Ohnmacht nicht verherr-

licht. Das Leid hat nicht aus sich heraus erlösende Kraft. Gerettet sind wir durch die Liebe, die bis zum Letzten geht. Das ist wie eine Erlösung. Das ist Erlösung.

Das musste so kommen ...

,Das musste so kommen ...', sagen wir. ,Dass sie Jesus ans Kreuz geschlagen haben, das musste so kommen.' So sieht's eben aus in dieser Welt.

Das ganze Elend mit dem mörderischen Krieg im Irak, das musste so kommen. Da kann man nichts machen. Wie im Großen, so im Kleinen, bei unseren Kleinkriegen und persönlichen Zerwürfnissen: ,Das musste so kommen. Das konnte ja nicht gutgehen.' Was bedeutet dieses „Muss"? Ein unabänderliches Schicksal? Werden wir von einer undurchschaubaren Macht wie Puppen am Draht gezogen?

Christen sind keine Fatalisten

Der Mensch ist nicht zur Gewalttat verdammt. Dass es dazu kommt, ist nicht zuletzt seine Schuld, von

58

Kain bis zu denen, die Jesus ans Kreuz schlagen ließen. Der Krieg überfällt uns nicht wie eine Naturgewalt. Er muss nicht sein. Eine Entscheidung von Politikern hat dazu geführt.

Christen sind keine Fatalisten. Die Bibel macht den Menschen für sein Handeln verantwortlich und plädiert damit für seine Freiheit. Sie wagt es, ihn in seiner Freiheit auch dort ernst zu nehmen, wo man heute allzu schnell biologische oder gesellschaftliche und politische Zwänge am Werk sieht und trickreich die Kunst entwickelt, es selbst nicht gewesen zu sein. Die Gewalttätigkeit ist kein tragisches Verhängnis, dem niemand entrinnen kann. Obgleich sie ihre Gründe hat, müsste sie nicht sein. Man kann ihr entsagen.

Kein Betriebsunfall

Und das Kreuz? Musste es dazu kommen? Hätte Gott das nicht mit allen Mitteln verhindern können? Jesus ist konsequent seinen Weg gegangen, frei und ohne Berechnung. Er hat sich nicht mit dem abgefunden, was ist. Er hat alles dran gesetzt, dass Gott und seinem Reich der erste Platz gebührt und jeder Mensch zu seinem Recht kommt, gerade auch die Schwachen. Er hat damit Anstoß erregt, besonders bei den Mächtigen. Er wusste, wohin das führt. Als der Konflikt sich zuspitzte, wich er nicht aus. Er brachte keine fremden Mittel ins Spiel, weder das Schwert des Petrus noch die Legionen Engel. Wehrlos ging er auf die Angreifer zu. Er litt und starb nicht, weil Leiden und Tod schön wären oder gar weil er Lust daran gehabt hätte. Er litt und starb, weil die Verhältnisse in der Welt jenseits des Paradieses so sind, wie sie sind: Unschuldige müssen dran glauben. Das Kreuz offenbart, was an Gewalttätigkeit im Menschen steckt. Es offenbart zugleich die Gewaltfreiheit Gottes.

Gott will kein Blut sehen, der Geruch des gewaltsamen Todes ist ihm zuwider. Als Freund des Lebens hat er kein Gefallen am Tod Jesu. Er liebt seine Schöpfung, nicht eine Welt, in der gerechte und gewaltfreie Menschen „aufs Kreuz gelegt" werden. Er spielt das böse Spiel dieser Welt nicht mit. Denn wer darin siegen will, muss Gewalt mit übermächtiger Gewalt beantworten. Jesus verzichtet darauf, mit Gewalt zu siegen. Er trägt die Dornenkrone, nicht den Lorbeerkranz.

Der Preis der Liebe

Musste es zum Kreuz kommen? Fragend stehen wir vor diesem Grundgeheimnis des christlichen Glaubens. Wir können es nicht theoretisch durch eine Formel lösen, wir können uns ihm nur durch unser Leben nähern. Zu vielen unserer Vorstellungen steht das quer: Erlöst sind wir nicht durch die Liebe zur Macht, sondern durch die Macht der Liebe. Das Leiden ist der Preis der Liebe. Gott zahlt ihn mit dem Kreuz.

Gelegentlich sagen wir: Du, ich mag dich leiden. Seltsam, dass wir „leiden" sagen, wenn wir „Liebe" meinen. Das gibt zu denken. Ein Gott, der liebt, macht sich verletzlich, verwundbar. Aus Liebe zu uns nimmt er das Kreuz auf sich und leidet mit. Aber er geht darin nicht unter, er steht auf zu neuem, unvergänglichem Leben.

Es gibt keine Situation, in der Gottes Möglichkeiten am Ende sind. Seine Liebe bewährt sich im Leiden. Er sagt uns durch das Kreuz: „Du, ich mag dich leiden."

Wer nicht hassen will, muss leiden

So ist das Leben: Man rackert sich ab, um einigerma-
ßen durchzukommen, und am Ende steht der Tod, für
Jesus der gewaltsame Tod am Kreuz. Die Passions-
erzählung hat ihn uns eindringlich vor Augen gestellt.
Warum das Ganze? Gibt es Licht im Dunkel dieser
Frage?

Ein Gott, der leidet

Jesus hat nicht in sicherer Etappe von oben herab mit
Macht die Welt erlöst. Er ist einer von uns. Er ist nicht
am Leiden der Menschen vorbei- und über ihre Wunden weggegangen, er ist selbst verwundet worden. Er
hat am eigenen Leib erfahren, was Angst heißt und
was Schmerz bedeutet. Er ist gegeißelt und gekreuzigt
worden.

Jesus hat den Ausbruch der Gewalt nicht mit glei-
cher Münze beantwortet. Er bleibt auch den Gewalt-
tätern zugewandt. Er schlägt nicht zurück, sondern
lässt sich ans Kreuz schlagen. So sehr hat er die Welt
geliebt. Leben und Sterben Jesu sind geprägt von je-
nem Leiden, das aus dem Widerstand gegen Unrecht
und Gewalt erwächst.

Ein Gott, der die Menschen liebt, zeigt offene Flanken, er ist verwundbar.

Die Antike dachte, Gott könne nicht leiden und schon gar nicht sterben. Das wäre unter seinem Niveau. Widerführe ihm Leid und Tod, wäre er nicht Gott. Im christlichen Glauben offenbart das Kreuz, dass Gott durch sein Leiden und Sterben nichts an Göttlichkeit einbüßt, dass die Liebe vielmehr jeden verwundbar macht, auch Gott. Nur der kann lieben, der bereit und fähig ist zu leiden.

Von der Leidfreiheit zum Hass

Das alles steht quer zu einer Gesellschaft, die Schmerz und Leiden hasst wie der Teufel das Weihwasser, die von Leidfreiheit träumt und im Spaß versinkt. Die bittere Konsequenz: „Wer nicht leiden will, muss hassen." Mancher mag Leidverliebtheit wittern hinter dieser provozierenden These. Weit gefehlt! Sie ist der markante Titel eines Buches des Psychoanalytikers Horst Eberhard Richter. Da ist keine Spur von Leidensseligkeit. Der Untertitel lautet vielmehr: Zur Epidemie der Gewalt. Der Traum von einer leidfreien Gesellschaft kann über Nacht umschlagen in nackte Gewalt. Wieso?

Die Welt ist alles andere als vollkommen. Wer sich auf dieses Leben einlässt, es sogar liebt, dem bleiben Enttäuschungen, Ängste und Schmerz nicht erspart. Er muss seine und der anderen Unvollkommenheiten annehmen und durchtragen. Das ist ein leidvoller Prozess. Wer sich ihm nicht aussetzt, projiziert schließlich das eigene Böse in die anderen und bekämpft es dort. Wer sich selbst immunisiert und vermeintlich unangreifbar macht, wird schließlich andere angreifen (müssen). Er wird hart gegen sich selbst und brutal gegen andere, er flieht in den Hass.

Gottespassion

Wer nicht hassen will, hat mit Leiden zu rechnen. So wie die Verhältnisse sind, gibt es nur ein Miteinander in Solidarität, wenn wir uns verletzen lassen und verwundbar bleiben. „Der falsche Gott macht aus dem Leiden Gewalt. Der wahre Gott macht aus der Gewalt Leiden" (Simone Weil). Das Wort „Passion" ist doppelsinnig: Leiden und Leidenschaft. Passioniert ist ein Mensch, der sich von einer Wirklichkeit faszinieren lässt, die größer ist als er, er ist buchstäblich „hingerissen". Nicht zufällig ist da vom „Riss" die Rede, vom Leiden. Es gibt kein wirkliches Leben ohne Passion –

so wenig wie fruchtbare Aktivität ohne schöpferische Passivität.

Glaube ist Teilnahme an der Gottespassion – Mitleiden an der noch unfertigen Welt, Schmerzen ertragen im Prozess der Wandlung vom Bösen zum Guten, vom Hass zur Liebe. Glaubend lässt sich der Christ in Mitleidenschaft ziehen in der Kraft des Geistes Jesu.

An die Fürbitten schließt sich die Kreuzverehrung an. Sie ist das Herz der Karfreitagsliturgie. Jesus hat unsere Last getragen am Holz des Kreuzes. Davor gehen wir in die Knie: „Wir beten dich an, Herr Jesus Christus, und preisen dich, denn durch dein heiliges Kreuz hast du die Welt erlöst." Er hat gelitten, um den Hass aus den Angeln zu heben. Es gibt kein wahres Leben ohne Leiden, es gibt keinen Glauben ohne Passion, kein Ostern ohne Karfreitag. Wer nicht hassen will, muss leiden.

„… denn durch dein heiliges Kreuz hast du die Welt erlöst"

„Wir beten dich an, Herr Jesus Christus, und preisen dich, denn durch dein heiliges Kreuz hast du die Welt erlöst." Soll das Kreuz die Lösung, die Erlösung der

Menschheit und Welt sein? Es wirft doch eher Fragen auf: „Mein Gott, mein Gott, warum hast du mich verlassen?" (Mk 15,34).

Gottes Machtverzicht

Israel hat Erlösung zunächst anders verstanden: Das Urdatum der Erlösung des Gottesvolkes ist die Befreiung aus der Knechtschaft Ägyptens. Gott kämpft leidenschaftlich auf der Seite seines Volkes gegen die Knechtschaft. Erlösung als Befreiung! Israel hat dieses Urdatum der Erlösung immer neu bedacht, besprochen und besungen:

„Ich singe dem Herrn ein Lied,

denn er ist hoch und erhaben.

Rosse und Wagen warf er ins Meer" (Ex 15,1).

Können wir einfach in dieses alte Befreiungslied einstimmen? Wenn's nur die Rosse und Wagen wären mit dem Kriegsmaterial – wer würde da nicht aus voller Kehle mitsingen? Aber es heißt weiter:

„Pharaos Wagen und seine Streitmacht warf er ins Meer. Seine besten Kämpfer versanken im Schilfmeer (Ex 15,4).

Auch die Soldaten sind umgekommen, durch Gottes Hand. Ist das die Lösung, ist das Erlösung? Israel hat immer wieder versucht, Gott in die Rolle des starken Mannes zu bringen, der mit eisernem Zepter regiert, auf die Feinde dreinschlägt, der klare Verhältnisse schafft und reine Bahn. Gott ist nicht selten zur Supermacht geworden. Aber er lässt sich in diese Rolle des Kriegshelden „mit erhobener Hand und machtvollem Arm" nicht einspannen. Es ist eine Täuschung, wenn man ihn so sieht, und das Ganze muss zur Enttäuschung führen.

Israel muss im Exil lernen, dass Gott ganz anders ist. Ist er ohnmächtig? Hat er sich im Groll zurückgezogen? Sieht er nicht, wie sein Volk trotz aller Verfehlungen ihn nicht vergessen kann? In den finstersten Stunden seiner Existenz, dort, wo es in Babylon am toten Punkt angekommen ist, dämmert dem Volk, dass Gott sich nicht mit Gewalt durchsetzen will. In seiner eigenen Ohnmacht kann es schließlich Gottes Machtverzicht bejahen. Gott offenbart sich im Laufe der Geschichte nicht durch ständige Machterweiterung, sondern durch wachsenden Machtverzicht. Er erweist seine Stärke dadurch, dass er sich immer mehr zurücknimmt. Das Geheimnis seiner Allmacht ist seine ohnmächtige Liebe und Treue.

Dem Knecht Israel, der um Hilfe schreit, antwortet Gott mit der prophetischen Vision des Gottesknechtes, der im Verzicht auf Gewalt seinen Leidensweg geht und gerade darin die verwandelnde Macht Gottes offenbart. Gottes Allmacht ist die Ohnmacht seiner Treue und Liebe, die den Weg der Menschen bis zum Äußersten mitgeht. Der Weg der Erlösung ist der Weg des Gottesknechtes.

Eine Schwäche für die Schwachen

Jesus ist nicht wie ein junger Gott am Leiden vorbei und über die Not und das Elend der Menschen hinweggegangen. Er hat Angst, Not, Schmerzen und Aussichtslosigkeit am eigenen Leib erfahren. So ist das Leben auf dieser Welt: kein Honigschlecken, sondern ein Sichabrackern und -abmühen mit den Schwächen und Fehlern der anderen und den eigenen. Ein jeder kämpft darum, einigermaßen glimpflich und unbeschadet über die Runden zu kommen, und doch steht am Ende der Tod. So ist das Leben. Ständig gefährdet, von Angst begleitet und allemal sterblich.

Jesus ist nicht als der große, starke Mann aufgetreten, der von oben herab mit eisernem Zepter regiert und endlich reine Bahn macht und für klare Verhältnisse sorgt. Die Erfahrung des Scheiterns ist ihm nicht fremd. Er trägt die Wunden sichtbar am Leib und ist daran zu erkennen, wie es Thomas zeigt. Er geht die dunklen Wege der Ohnmacht und Niederlagen mit bis zum toten Punkt. Er wird ein Opfer von Borniertheit, Hass und Ungerechtigkeit. Er hat gelitten, ist gekreuzigt und begraben worden. Wer gegen das Leiden kämpft, dem bleibt das Leiden selbst nicht erspart.

Ist das nicht Schwäche, ist Gott hier nicht weit unter seinem Niveau? Von außen betrachtet, mag das so scheinen, in Wahrheit aber liegt da Gottes Stärke und verwandelnde Kraft.

In der Regel bleiben die Starken unter sich. Dafür gibt es in unserem Land und erst recht in der weiten Welt leider immer mehr Beispiele. Die Macht, die sich die Mächtigen gegenseitig zusprechen, einander weiterreichen oder entreißen, erhält den Status quo: hier Mächtige, dort Ohnmächtige. Sie steht nur für die stärkere Hälfte des Ganzen, ist also im wahrsten Sinne des Wortes halb-stark. Das Scheitern wird ausgeblendet, Niederlagen dürfen nicht sein in der Welt gnadenloser Erfolge. Jesus nimmt die Wirklichkeit mit ihren Höhen und Tiefen, Stärken und Schwächen, mit den Licht- und Schattenseiten, mit den hellen und dunklen Punkten. Er hat eine Schwäche für die Schwachen. Seine verwandelnde Macht umfängt nicht nur die Starken, sondern auch und gerade die Schwachen. Die Allmacht Gottes ist jene Macht der Liebe, die sich gerade auch auf die Letzten bezieht. Gott ist nicht allmächtig, weil er vordergründig alles kann, was er will, sondern weil er auch denen zugewandt bleibt, die am Boden liegen und abgeschrieben sind. Ist das Schwäche? Das ist Stärke. Das ist die größere Macht, weil sie neue Energien freisetzt, neue Wege aufstößt, eine neue Schöpfung entstehen lässt.

Der das Leben in allen seinen Dimensionen lebte und erlitt, der sich nicht an sein Leben klammerte, sondern es hingab für die anderen, er wird von Gott mit neuem Leben beschenkt, das unsterblich ist.

„Wir beten dich an, Herr Jesus Christus, und preisen dich, denn durch dein heiliges Kreuz hast du die Welt erlöst." Gott geht es nicht um die Liebe zur Macht, sondern um die Macht der Liebe. Die hat Zukunft. Die ist stärker als der Tod. Ostern steht dafür.

OSTERN

„Was sucht ihr den Lebenden bei den Toten?"

[Schrifttext: Lk 24,1–12]

„Das ist der Tag, den Gott gemacht …" – Es gibt Tage, die haben wir gemacht: den ersten Mai, den Muttertag oder den Vatertag. Und, Sie kennen das ja, so dann und wann machen wir uns einen guten Tag … „Das ist der Tag, den Gott gemacht …" Wer sich darauf festgelegt hat, dass nichts anderes geschehen kann, als der Mensch aus sich vermag, der geht Ostern leer aus. Wirklich Ostern feiern kann nur der, der mit Gott und seiner Tat rechnet.

Selbstverständlich?

So leicht ist es nicht, Ostern zu feiern. Der Unterschied zur Situation, die uns das Evangelium schildert, ist offenkundig: Wir sind hier nicht zu einem Grab gekommen, sondern zum Gottesdienst. „Das Grab ist leer …" – das ist für uns keine Überraschung, wir haben das einschlägige Lied im Ohr und singen es aus voller Kehle. Und wir wissen längst, was die Engel verkündigen: „Er ist auferstanden." Das kennen wir, wie das Halleluja, das heute fällig ist. Das alles ist einfach dran, wie selbstverständlich. Als wäre Ostern selbstverständlich. Alles andere als das. Es versteht sich gerade nicht von selbst, auch nicht von uns her, sondern allein von Gott her.

Von selbst und von uns her versteht sich nur der Tod. Damit müssen wir rechnen. Er liegt in unserer Erfahrung, wir können ihn uns zufügen, und er ereilt uns. Aber die Auferstehung spottet jeder Erfahrung. Es geht nicht um Reanimierung und nicht um Reinkarnation! Jesus ist in den Todesgraben hinuntergestiegen, aber er ist nicht zur alten Seite zurückgekehrt; er ist zur anderen Seite hochgestiegen, wo es keinen Tod mehr gibt. Der Tod ist nicht aufgeschoben, sondern aufgehoben, er ist nicht überspielt, sondern überwunden. Das ist nicht zu fassen, das geht über unseren Horizont. Und darum kommen die Fragen, die Einsprüche: ‚Wie soll ich mir das vorstellen? Ich sehe nichts davon, dass die Macht des Todes gebrochen ist. Die Gräber, vor denen ich stehe, sind nicht leer. Das grausame Spiel von Gewalt und Leid und Tod geht weiter – auch nach Ostern.' Das sind die handfesten Realitäten. Die sind nicht aus der Welt zu schaffen. Oder doch? Sicher nicht von uns.

Suche am falschen Platz?

Die Frauen im Evangelium scheuen keine Mühe, sie tun das Menschenmögliche. In aller Frühe machen sie sich auf, mit ihren wohlriechenden Salben. Sie tun, was sie können. Aber was können sie tun? Mit Balsam den Geruch der Verwesung bannen und die äußere Gestalt des Toten konservieren, als sei er noch da. Nichts gegen solch pietätvollen Dienst. Aber er bleibt, was er ist: Mumiendienst.

Die Frauen werden deswegen nicht gescholten. Aber sie werden vom Engel über ihr eigenes Suchen hinausgewiesen: „Was sucht ihr den Lebenden bei den Toten?" Mit anderen Worten: ‚Ihr sucht Jesus am falschen Platz. Ihr dürft und sollt mehr suchen als einen Toten.'

Wen denn? Wo hat man nicht Jesus im Laufe der Geschichte überall gesucht? Was hat man nicht alles aus ihm machen wollen? Einen edlen Humanisten, einen Vorkämpfer des sozialen Fortschritts oder einen politischen Revolutionär. Hilfloses Bemühen, etwas aus ihm zu machen, ihn mit allen möglichen Mitteln am Leben zu halten. Erfolglose Reanimationsversuche! Ein Suchen am falschen Platz. Osterglaube ist das nicht, sondern Totenverehrung. Wir Menschen können Jesus nicht lebendig machen oder lebendig halten. Hätte Gott ihn nicht dem Tode entrissen, er wäre arm dran – und wir wären es auch. Dann würden wir uns umsonst an ihn halten, er böte keinen Halt.

Jesus lebt nicht von seiner Jünger Gnaden, auch nicht von unserer und der Kirche Gnaden, er lebt aus der Kraft Gottes, „der die Toten lebendig macht und das, was nicht ist, ins Dasein ruft" (Röm 4,17). Das ist der Grund unserer Hoffnung. Gottes Tat steht vor allem Auf und Ab unseres Glaubens, trotz unserer Fragen und Einwände.

Und die Realitäten des Todes, die uns bedrängen? Sie kennen die Situation: Sie sind nachts mit dem Auto unterwegs, in fremder Gegend, und auf einmal wissen Sie nicht mehr, wo Sie sind. Da taucht plötzlich ein Zeichen im Scheinwerferlicht auf. Sie sehen es, und schon sind Sie weiter. Aber der Augenblick, in dem Sie es entziffern konnten, genügt. Sie wissen, wo Sie sind und woran Sie sind. Sie wissen, wohin die dunkle Straße führt. Ostern ist ein solches Zeichen und mehr. Wir wissen, wer uns am Ende unserer dunklen Straßen erwartet.

Mumiendienst?

An Ostern geht es zuerst und zuletzt nicht um das, was wir (Menschen) aus Jesus machen, sondern um das, was Gott gemacht hat. „Das ist der Tag, den Gott gemacht …" Darum ist es auch nicht damit getan, dass wir Fragen an ihn haben. Er hat Fragen an uns. Die stehen da, mitten im Evangelium: „Was sucht ihr den Lebenden bei den Toten?"

Wo sind wir mit unserem Glauben? Ist er nur noch Balsam, mit dem wir aus Gründen der Pietät guten Geruch verbreiten möchten? Dient er gerade noch dazu, von Weihnachten über Ostern und Pfingsten, von Taufe über Erstkommunion und Hochzeit bis hin zur Beerdigung das Leben etwas feierlicher zu gestalten? Versuchen wir, eine tote Gestalt zu konservieren, als ob noch Leben da wäre, als ob nicht bereits die Würmer an den Restbeständen nagten? Wahren wir Jesus nur noch ein frommes Andenken? „Was sucht ihr den Lebenden bei den Toten?"

So ist nicht nur jeder Einzelne von uns gefragt, so sind wir als Kirche gefragt. Sucht sie Jesus am richtigen Platz, bei den Lebenden? Wie viel in der Kirche ist Mumiendienst, pietätvolle Pflege einer vergangenen Gestalt alter Formen, die längst gestorben sind? Wo sind wir auf dem Weg zum Grabe, statt dass wir Zeugnis vom Lebendigen geben? „Was sucht ihr den Lebenden bei den Toten?" Diese Frage Gottes an uns darf in der Kirche nicht zum Schweigen kommen.

Heute wird viel von der Apparatemedizin gesprochen, kritisch zumeist: Die Apparate dienen nicht mehr dem Leben, sie überfremden es und ziehen es schließlich künstlich in die Länge; jemand ist klinisch tot, aber die Apparate laufen noch. Gibt es nicht auch eine Apparatepastoral? Was wird nicht alles an Mitteln eingesetzt, um das kirchliche Leben, wie wir es gewohnt sind, in Gang zu halten. Sind wir unfähig, bestimmte Formen und Gestalten, die ihre Zeit gehabt haben, in Gottes Namen sterben zu lassen? Ich weiß aus eigener Erfahrung, das ist leichter gesagt als getan. Aber: Ist künstliche Lebensverlängerung eine Alternative?

Meinen wir, wir müssten Jesus zum Leben erwecken oder lebendig halten? Wer sind wir denn! Wir müssen weder Jesus retten noch auch die Kirche, sie sind gerettet. Das ist nicht unser Werk, das ist Gottes Vorgabe. Er hat gehandelt: Jesus Christus lebt. Uns ist aufgetragen, den Lebendigen am richtigen Platz zu suchen, nicht bei den Toten. Er, der Herr des Lebens, ist uns allemal voraus. In dieser Gewissheit dürfen wir Ostern feiern. „Das ist der Tag, den Gott gemacht." Das kann entlasten. Da fällt einem ein Stein vom Her-

zen – weil der Stein vor dem Grab ins Rollen kam,
Gott hat uns einen guten Tag gemacht. Wir dürfen
aufatmen.

Wer ist Herr im Haus der Kirche? Es scheint, dass es
darüber Unklarheiten gibt: der Papst und die Bischöfe?
Oder die Theologen? Oder die Basis? „Eine andere
Basis kann niemand legen als die, die gelegt ist: Jesus
Christus" (1 Kor 3,11). Er ist der Herr. Die Kirche lebt
nicht von der sogenannten Basis und von den Theologen, nicht vom Papst und von den Bischöfen, sondern von Jesus Christus, dem Herrn des Lebens. Es ist
höchste Zeit, dass wir uns durch Gottes Wort zur Mitte
unseres Glaubens zurückrufen lassen. „Was sucht ihr
den Lebenden bei den Toten?" Merkt man uns das an,
wo das Leben zu suchen und zu finden ist? Sind wir
Zeugen des lebendigen Herrn? Dann sind wir am richtigen Platz – in unserer Kirche und in der Gesellschaft.

In der Morgendämmerung

[Schrifttext: Joh 21,1–14]

Wie mag Ihnen zumute sein an diesem Ostermorgen?
Vielleicht haben Sie sich richtig gefreut auf diesen

Gottesdienst, auf die Liturgie hier im Dom, auf das Halleluja von Händel, und Sie singen aus ganzem Herzen mit: „Christ ist erstanden!" Vielleicht haben Sie – ganz anders – bewusst einen Platz hinten am Rande gewählt oder oben auf der Empore, weiter weg vom Altar. Mag sein, dass Ihnen das Leben übel mitgespielt hat, dass Enttäuschung und Verlust Sie quälen, dass die Gebrechlichkeit des Alters Sie zögernd auf den Weg nach hier hat aufbrechen lassen. Es ist etwas anderes, ob man mit 25 oder mit 75 den Domberg hochsteigt, ob man das Osterevangelium im Aufbruch des Lebens hört, verkündigt, oder ob man im Rückblick ernüchtert Bilanz zieht in der Gotteserfahrung, im kirchlichen Alltag, im persönlichen Leben.

Mit alldem, was uns umtreibt und zu schaffen macht, sind wir mitten im Evangelium – einer seltsamen Ostererzählung: eigentlich nicht Ostersonntag, sondern Ostern im Alltag. Was ist denn dran an dem umwerfenden Osterereignis, wenn am Ende nichts anderes übrig bliebe als halt zu fischen – und dann noch im Trüben!

Die Gnade des Nullpunktes

Wir wissen ja, wie das losging mit Jesus und seiner Bewegung. Am Anfang hatte er die Jünger weggerufen von den Netzen: „Kommt her, folgt mir nach! Ich werde euch zu Menschenfischern machen. Sofort ließen sie ihre Netze liegen und folgten ihm" (Mt 4,19 f.). Und jetzt? Zurück in alte Zeiten, wie wir das halt so machen, wenn wir keine neue Perspektive mehr haben. „Ich gehe fischen", sagt Petrus, und die anderen trotten hinterher. Die alte Umgebung, der alte Beruf, das alte Lied. Der Elan des Aufbruchs ist versackt in der Banalität des Alltags. Die Menschenfischer sind wieder auf die ganz gewöhnlichen Fische aus. War's das? Nicht ganz.

Die Sieben fahren aus, rackern sich ab, schlagen sich die ganze Nacht um die Ohren, und die Bilanz? Null! „Sie fingen nichts" (21,3). Wie sollen sie aus dem Meer der Resignation Land gewinnen, Boden unter die Füße? Wasser und Land, Diesseits und Jenseits, Enttäuschung und Zuversicht treffen in dieser Erzählung zusammen.

Als die Fischer niedergeschlagen zurückkehren, wartet im Morgengrauen ein Anderer auf sie. Noch ist ihnen nicht klar, wer er ist. Aber so viel ist sicher: In der Stunde des Misserfolgs sind sie nicht allein-

81

gelassen, sie sind erwartet. Der Andere fragt sie offen heraus: „Habt ihr nicht etwas zu essen? Sie antworteten ihm: Nein" (5). Wie ein Offenbarungseid! Misserfolg ist das eine, ihn zuzugeben das andere. Oft braucht es viel Zeit, bis wir uns und anderen eingestehen können, dass die Ausfahrt im Leben den Gewinn nicht brachte, den wir erhofften. Das kann zur Gnade werden, zur Gnade des Nullpunktes: So wie's war, geht's nicht weiter. Würden wir's nur erkennen und bekennen. *Die* Chance unserer gegenwärtigen Kirchensituation hierzulande!

Das Brot des Lebens

Der da am Ufer steht, lässt die Fischer nicht in ihrer Enttäuschung versinken. „Er sagte zu ihnen: Werft das Netz auf der rechten Seite des Bootes aus, und ihr werdet etwas fangen" (6). Nach allem, was vorausging, ist das eine Zumutung. Er mutet den Jüngern zu, sein Wort wichtiger zu nehmen als allen Augenschein und gegen alle Gewohnheiten am helllichten Tag neu aufzubrechen. Sie tun's und erfahren, dass das Wort dieses Fremden am Ufer trägt und Ertrag bringt, unglaublich. Der Fang übertrifft alle Erwartungen. Die leeren Netze aus der Nacht sind zum Bersten voll –

nicht zu fassen. 153 große Fische, heißt es, die Zahl ist Symbol für die Fülle, einfach überwältigend. Wir ahnen gar nicht, was der Herr mit den leeren Netzen unseres Lebens macht, wenn wir seinem Wort Glauben schenken. Oder ahnen wir's doch? Sonst wären wir wohl nicht hier.

Seltsam genug: Als die Jünger ans Ufer kommen, ist das Essen auf dem Kohlenfeuer schon bereitet. Sie müssen's nicht machen, sie werden nicht mit ihrem eigenen Erfolg abgespeist. Das, wovon wir letztlich leben, brauchen wir nicht selbst zu produzieren. Wir können es auch gar nicht, die Nacht der Vergeblichkeit hat es deutlich gezeigt. Zwar können wir beisteuern, was wir in unseren Netzen haben, es teilen mit allen. Aber das Brot, von dem wir in Wahrheit leben, ist nicht unser Werk, es wird uns geschenkt, wie hier in der Eucharistie.

Gottes Möglichkeiten

Eine Ostererzählung in der Morgendämmerung des Lebens und Glaubens. Die Jünger wissen zunächst gar nicht: Ist er's, ist er's nicht? Es braucht seine Zeit, bis es ihnen dämmert. Erkannt wird Jesus erst nach dem umwerfenden Fang durch den, den er liebt und der ihn liebt. Seine Präsenz kommt zum Vorschein in der Beziehung und – schmerzlich genug – im sich Entziehen. Nie haben wir ihn im Kasten, im Griff; Ostern schon gar nicht. Wo wir nicht einfach nur so weiterwursteln, sondern das ganze Ausmaß unserer Vergeblichkeiten und Ratlosigkeiten, unserer Kirchenaporien anerkennen und bekennen, da zeigt er sich uns von seinem Ufer her, dem Osterufer. Er sendet uns, neu zum Fang auszufahren, ein neuer An-Fang.

Das gilt nicht nur für die Kirche. Es ist jeder und jedem von uns gesagt, die wir Ostern in unserer eigenen Lebensgeschichte auf die Spur kommen möchten. Unsere Wege werden unsere Wege bleiben. Unsere Tage werden nicht zu Träumen werden, sondern zu bestehen sein. Aber gerade darin kann die Erfahrung aufbrechen: Es gibt noch ganz andere Lebensmöglichkeiten als die, die in unseren Kräften stehen, Größeres, Unbedingtes, die Möglichkeiten Gottes mit uns – nicht zu fassen: in der Schuld die Vergebung, in der Leere die Fülle, im Diesseits das Jenseits, im Tod das Leben.

„Manchmal stehen wir auf
Stehen wir zur Auferstehung auf
Mitten am Tag
Mit unserem lebendigen Haar
Mit unserer atmenden Haut …"
(Marie-Luise Kaschnitz).

Ich wünsche Ihnen solche Erfahrungen, nicht nur an
Ostern.

Der neue Mensch

[Schrifttext: Röm 6,3–11]

Was gibt's Neues? Wir schalten die Nachrichten ein
und schauen in die Zeitung. Seltsam mit unseren
Neuigkeiten: Morgen sind sie schon wieder von
gestern.

Neubeginn

Es gibt Neues, das ist von ganz anderer Art, Augenblicke, da fühlen wir uns wie neu geboren, als wären
wir ein neuer Mensch geworden. „Wie neu geboren"
… Christen verbinden das mit der Taufe. Christ wird
man nicht durch Geburt, sondern durch Wieder-
geburt. Was heißt das?

Wir alle sind aus Adams Geschlecht, auf dem Weg
vom Leben zum Tod, das ist unser Menschenlos. Ist
das alles? Nein, sagt der heilige Paulus in der Lesung,

es gibt noch eine andere Genealogie. In unserem Leben steckt mehr drin, als wir von Adam und Eva her in den Knochen haben, mehr als der Lauf der Dinge vom Leben zum Tod. Durch die Taufe ist Christus mit uns verbunden, ist sein Weg in unseren Weg eingezeichnet, gegenläufig zum Adamsweg nicht vom Leben zum Tod, sondern vom Tod zum Leben.

Unter dem Golgota-Felsen in der Grabeskirche zu Jerusalem wird auch das Grab Adams verehrt. Das Kreuz ist auf dem Grab des alten Adam aufgepflanzt. Christus, der neue Adam, erlöst den alten Adam aus den Fesseln des Todes. Er holt ihn aus dem Grab heraus und reißt ihn mit in seine Auferstehung.

Ostern ist nicht Menschenwerk, sondern einzig und allein Tat Gottes. Nicht unsere Lebens- und Geisteskräfte überspringen den Abgrund des Todes, Gott handelt.

Ostern heißt: Gott setzt neu ein, er begründet ein neues Geschlecht. In unserer alten Welt ersteht der neue Mensch par excellence, Jesus Christus. Seine Auferweckung ist keine Wiederbelebung. Es werden nicht nur die Pferde gewechselt, es geht nicht weiter im alten Trott.

Auferweckung ist auch nicht das ewige „Stirb und werde". Der Lauf der alten Schöpfung ist überholt. Gott setzt mit Ostern neu ein. Durch Todesschmerzen hindurch kommt der neue Mensch zur Welt. „Der Tod hat keine Macht mehr über ihn" (Röm 6,9).

Ein Produkt der Neuzeit

Das Bild vom neuen Menschen ist in der Neuzeit aus seinem religiösen Zusammenhang herausgerissen worden und hat sich verselbständigt, es wurde säkularisiert. Der neue Typ kommt nicht von Gott, er wird herstellbar, züchtbar – in der ganzen Palette vom Übermenschen Nietzsches bis zum reinrassigen Arier. Die Nazis wollten mit allen Mitteln der Eugenik eine „neue und glückliche Rasse" züchten. Weniger bekannt ist, dass auch die Sozialisten die Welt mit ihrem neuen Menschentyp beglücken wollten. Stalin gründete eine gigantomanische Menschenfabrik unter Leitung des Nobelpreisträgers Iwan Pawlow – die Wiege des neuen Menschen in sozialistischer Abart.

In den freiheitlichen Demokratien westlicher Prägung entwickeln sich heute eigene Vorstellungen in dieser Sache. Sie werden nicht durch staatlichen Druck diktiert, aber durch Moden und Trends. Nicht genug, dass Babys nach Katalog zu bestellen sind, immer mehr Frauen und Mädchen lassen sich von Schönheitschirurgen die Lippen zum Schmollmund aufpusten, die Nase verkleinern oder die Brüste vergrößern. Am Ende entstehen Kunstfiguren wie Michael Jackson, dessen Gesicht durch immer neue Schönheitsoperationen allmählich zu einer Maske erstarrte.

Ebenbild statt Abziehbild

Die Weigerung, sich als Gottes Geschöpf anzunehmen und Gottes neuer Kreation zu vertrauen, führt nicht zu Originalen, sondern zu Abziehbildern. Gnade uns Gott, wenn der Staat oder Menschen die Lufthoheit nicht nur über Kinderbetten, sondern überhaupt über Menschen für sich selbst beanspruchen. Dann wird gnadenlos ausgemerzt, was nicht ins vorgefertigte Wunschbild passt: Zuerst Unvollkommenheiten des Menschen, dann die unvollkommenen Menschen (vorab die Behinderten) und schließlich der vorgegebene Mensch, dieses unvollkommene Wesen. Auf dieser abschüssigen Bahn gibt es kein Halten. Längst genügt es nicht mehr, sich selbst zu verwirklichen, man muss sich selbst neu erfinden und neu schaffen, mit Skalpell und Silikon.

Aus diesem Zwang befreien uns keine Techniken und letztlich auch kein Blick in Lehrbücher, sondern allein der Blick Liebender. Wer keine Liebe erfährt,

muss sich fortwährend selbst produzieren, um Aner-
kennung zu finden. Er produziert sich selbst und
macht sich gerade dadurch lächerlich.

Aus diesem Teufelskreis kann ihn nur die Liebe
herauslocken. Sie macht sich nicht von Bedingungen
abhängig, sie ist unbedingt. Sie lässt sich nicht von
vorgefertigten Bildern fesseln. Wer wirklich liebt, der
hört auf, sich ein Bild vom Geliebten zu machen, dem
dieser genügen muss, um liebenswert zu sein. Er sagt:
„Ich sage Ja zu dir, so wie du bist. Ich liebe dich einfach." – Und wenn Gott sagt: Du, ich liebe dich trotz
deiner Unvollkommenheiten, du wirst nicht unterge-
hen. Ich entreiße dich der Macht des Todes. Das ist
Ostern, der neue Mensch. Der ist morgen nicht von
gestern, der ist auch morgen von heute.

Die Wehen einer neuen Geburt

[Schrifttext: Offb 1,12–18]

Natur pur

Für immer mehr Menschen gilt ein neues Gebot: „Halte dich an die Natur, damit es dir wohlergehe und du

lange lebest auf Erden …" Das neue Zauberwort heißt Wellness. Es begegnet uns auf Schritt und Tritt, Industrie und Reklame sind längst kräftig im Geschäft. Das propagierte Ziel: „eins werden mit der Natur". Sogenannte indianische Glücks-Traditionen zum Beispiel sollen eine innere Harmonie von Körper und Geist, von Mensch und Natur garantieren. Kosmetik – Bäder – Bodybuilding, in allem lockt die Natur pur. Und sie verheißt Wohligkeit und Seligkeit, nicht zuletzt Gesundheit. Die ist längst zum Inbegriff aller Sehnsucht geworden. Unsere guten Wünsche füreinander enden fast stereotyp: „Und vor allem Gesundheit. Die ist das Wichtigste …"

Nichts gegen die Natur, schon gar nicht gegen die Gesundheit. Beides sind hohe Güter. Sind sie das Allerwichtigste? In dem Maße, wie Gott heute aus dem Bewusstsein schwindet, nimmt die Natur göttliche Züge an. Vorletztes wird zum Letzten. Viele sind versessen auf Heilkräuter und neue Heilmethoden. Reicht unsere Sehnsucht noch über die Natur hinaus?

Trostlose Diesseitsvertröstung

Vor kurzem bin ich auf eine neue Form der Bestattung gestoßen: Die Asche der Verstorbenen wird in den

Wurzelboden eines Baumes eingebracht. Der Wald als letzte Ruhestätte – Heimkehr in den Schoß der Natur, alles Natur! Ist das alles?

Ich muss gestehen: Je älter ich werde, desto mehr sträubt sich in mir alles gegen eine solche Naturseligkeit. Wenn ich vor dem Fleckchen Erde stehe, in dem meine Eltern und Geschwister begraben sind, weicht der Zauber der Natur einer großen Enttäuschung, einem tiefen Erschrecken. Ja, Blumen wachsen dort und üppige Sträucher; Bäume spenden ihren Schatten, die Naturelemente sind am Werk. Aber alles das zieht stumm und kalt, gleichgültig und interesselos über die Toten weg. Ihr Leib zergeht im Sand, und ihre Verwesung ist so natürlich wie das Aufblühen und Verwelken der Stiefmütterchen auf dem Grab. Die Natur fragt nicht nach ihnen. Keine Erinnerung wird laut, kein Aufschrei und Protest gegen den Tod – wie wenn die Verstorbenen gedankenlos im Abgrund verschwinden und ihr Name gnadenlos ausradiert wird. So ist das mit der Menschenblume, sagt der Psalm: „Fährt der Wind darüber, ist sie dahin; der Ort, wo sie stand, weiß von ihr nichts mehr …" (103,16). An den Gräbern vergeht alle Naturromantik. Da reicht es mir nicht zu hören: Halte dich an die Natur, sie bringt die letzte Seligkeit. Das tut sie nicht. Dieser Verheißung ist nicht zu trauen.

Wir Christen sind im Laufe unserer Geschichte oft in den Verdacht geraten, wir wären mehr ins Jenseits verliebt als ins Diesseits, wir träumten von himmlischen Welten auf Kosten der irdischen. Aber unser Credo beginnt mit dem Bekenntnis zu Gott, dem Schöpfer des Himmels und der Erde. Alles, was ist, steht unter seiner Verheißung. Die Natur hat einen hohen Wert für uns, aber sie ist Vorletztes, nicht das Letzte. Alles trägt ein Verfallsdatum, nichts ist ewig. Nichts in der Welt kann die unendliche Sehnsucht stillen, die Gott uns ins Herz gegeben hat. Christen bleiben nicht beim Vorfindlichen stehen. Sie verachten nicht das, was ist; aber sie sind darüber hinaus gespannt auf das, was kommt.

Mehr als ein Naturereignis

Paulus eröffnet diese christliche Perspektive: „Wir wissen, dass die gesamte Schöpfung bis zum heutigen Tag seufzt und in Geburtswehen liegt" (Röm 8,22). Weiß Gott, das Stöhnen und Schreien ist zu hören. Der naturwüchsige Kampf ums Überleben ist zu sehen, mit allen Untergängen und dem Aussterben, im Zeichen der Technik mehr denn je. Sollen wir die offenen Wunden zukleistern und Harmonie vortäuschen? Durch blauäugige Naturromantik sind die Schmerzen nicht aus der Welt zu schaffen.

Aber – Wehen einer neuen Geburt? Wenn das so ist? Dann wäre die vorhandene Natur nicht das Ende, sondern ein Anfang, eine Vorstufe; dann wäre sie nicht die leere Wiederholung des Gleichen („das ewige Stirb und Werde"), sondern wie ein Gleichnis künftiger Herrlichkeit, auf dem Weg zur Vollendung. Das tröstet mich für alle, die nach dem Gesetz der Natur unter unseren Füßen liegen, hier im Dom und draußen auf den Friedhöfen. Noch ist nicht aller Tage Abend. Geburtswehen schmerzen zwar, aber sie lassen hoffen. Den Schmerz der Sehnsucht sollten wir nicht abtöten, sondern als Stachel der Hoffnung in uns tragen. Unsere Hoffnung greift über das Vorhandene hinaus, dorthin, wo Gott die Tränen von unseren Augen abwischt und alle, wirklich alle zu ihrem Recht kommen – so wahr Christus auferstanden ist.

Die neue Schöpfung

In der Vision, die dem Seher Johannes den Sinn seiner Sendung erschließt, erscheint Christus im Gewand des Kosmos (Offb 1,12–18). Der Gürtel ist aus Gold, die Haupthaare sind wie Wolle, leuchtend weiß wie

Schnee, die Augen glühen vom Feuer, die Füße sind aus Erz, die Stimme ist wie ein Wasserfall, aus dem Mund geht ein Schwert, in der Hand hält er die Sterne, das Gesicht leuchtet wie die Sonne. Durch die kosmischen Mächte scheint das Antlitz der Person und durchbricht die Gewalt des Schweigens. Alles, was die Natur aufbieten kann, ist nicht nur Material, sondern Medium des Wortes. Der so Natur und Person in sich verbindet, ist „der Erste und Letzte". Er hat den Schlüssel zum Tod. Keiner hat das in unseren Tagen so genial zum Ausdruck gebracht wie der große Naturwissenschaftler und Jesuit Teilhard de Chardin, der am Ostermorgen 1955 starb. Die ganze Welt mit ihrer Schönheit und mit ihrem Schrecken sah er im Licht Gottes. Das Bild vom brennenden Dornbusch und die Geschichte von der Verklärung Jesu waren ihm besonders wichtig. Durch alles, was ist und geschieht, sah er Gottes Lebenskraft in unsere Welt strömen, und diese Welt wurde ihm durchsichtig auf Gott („Diaphanie Gottes"). „Ohne sich mit dem Universum zu vermischen, ohne mit ihm zu verschmelzen, wird Gott vor unseren Augen die ganze Wirklichkeit überfluten …, wie ein Strahl einen Kristall durchdringt." Ein Osterglaube, der die Natur liebt und einbezieht, aber nicht in ihr aufgeht. Ostern ist mehr als ein Naturereignis. Dem Menschen, sagt der christliche Glaube, antwortet letztlich nicht die Natur, sondern Gott mit seinem zukunftsfähigen Wort: Jesus Christus. Er ist der Erstgeborene der neuen Schöpfung, das Tor zum Leben. Er lässt hoffen, für den Kosmos und für die Menschen.

Ewiges Leben

Der Tag, den Gott gemacht

Jahr für Jahr steigt unsere Lebenserwartung. Leben die Menschen wirklich länger als früher? Da lebten sie dreißig, vierzig Jahre – plus ewig; heute leben sie nur noch siebzig, achtzig, neunzig Jahre; das „ewig" ist gestrichen, oder es spielt faktisch keine Rolle mehr. Mag sein, dass Menschen früher ihre Hoffnung auf das ewige Leben setzten, weil das irdische ihnen nicht viel zu bieten hatte. Heute ist es umgekehrt: Vielen im Wohlstand Lebenden hat die Ewigkeit nichts mehr zu bieten. Statt Jenseitsvertröstung Diesseitsvertröstung, mit allen ihren Folgen. Unsere Lebensspanne ist zur „letzten Gelegenheit" geworden. Aus ihr ist möglichst schnell möglichst viel herauszuholen – so lange wie eben möglich. Darüber hinaus ist nichts mehr zu erwarten. Also: Alles jetzt! Tempo, Tempo! Die Uhr tickt und macht das Leben hektisch. Wenn der lange Atem der Ewigkeit ausgeht, werden wir kurzatmig. Die Angst, zu kurz zu kommen, lässt wenig Lebensenergie übrig für andere.

Das Credo der Christen zeigt einen anderen Weg. Es mündet in den Satz: Ich glaube an das ewige Leben. Christen verdrängen den Tod nicht; wir zeigen das Kreuz öffentlich vor. Damit nicht genug: Im Abgrund des Todes geschieht der Durchbruch zum Leben – nicht als unsere Idee, als Erfolg des Fortschritts, sondern als Gottes Tat. Über Jesu Grab ist kein Gras gewachsen. Der das Leben in all seinen Höhen und Tiefen durchlebte und durchlitt – für uns und für alle, er wird von Gott mit neuem Leben beschenkt, das den Tod hinter sich hat. Ewiges Leben, sagen wir. Was heißt das?

Was kein Auge gesehen hat

„Doch alle Lust will Ewigkeit,
will tiefe, tiefe Ewigkeit!"
(Friedrich Nietzsche, Also sprach Zarathustra).
Das Verlangen nach Lust sitzt im Menschen drin. Er lässt sie sich von keinem Puritaner und Asketen aus-

reden: Die Lust am Essen und Trinken, am Gesang und an der Schönheit, an der Liebe und überhaupt am Leben: ein Sonnenaufgang – die Lerche am Himmel – ein Blick, ein Händedruck, eine Umarmung … Momente, in denen wir ahnen: Das ist es, das ist das Wahre, das ist das Leben. Es ist gut, solche Signale wahrzunehmen, als eine Art sinnlicher Prophetie – wie ein Geschenk des Himmels. Sie bringen uns auf den Geschmack am Leben, weiten die Sehnsucht.

Man kann sie nicht festhalten. Es ist wie bei einem Blitzlicht: Etwas leuchtet auf, wird sichtbar, und schon ist es wieder weg. Vieles ist heute darauf angelegt, dem Augenblick der Lust Dauer zu verleihen, ihn in die Länge zu ziehen, immer neue Reize zu erfinden, sie zu steigern und verbissen nach Strich und Faden auszukosten. Konsum auf der ganzen Linie – schließlich noch staatlich propagiert zur Ankurbelung der Wirtschaft. Doch statt „tiefer Ewigkeit" stellen sich Langeweile ein und Überdruss. Enttäuschung macht sich breit, weil klar wird, dass die erlebte Lust zwar Ewigkeit will, aber nicht selbst schon ist, sie auch nicht herstellen kann.

Wir spüren: Das ist noch nicht alles, da fehlt noch Entscheidendes. Denken Sie nicht auch, frei nach Wolf Biermann:

„Das kann doch nicht alles gewesen sein
Da muss doch noch irgendwas kommen? Nein
Da muss doch noch Leben ins Leben …"

In allem ist etwas zu wenig. Nicht nur von außen, weil die Kraft fehlt, der Glückserfahrung Dauer zu geben, sondern auch von innen. Da ist noch nicht „tiefe, tiefe Ewigkeit". Da müsste die Würze noch anders werden. Es fehlt, „was kein Auge gesehen und kein Ohr gehört hat, was keinem Menschen in den Sinn gekommen ist: das Große, das Gott denen bereitet hat, die ihn lieben" (1 Kor 2,9).

Geschmack am Leben

Da geht's dann nicht mehr nur um die eigene Glückseligkeit, es geht um die Welt. Manchmal, in einer ruhigen Stunde, frage ich mich: Was erwartest du noch? Ich merke, wie meine kleine Welt an den eigenen vier Wänden endet und ich zufrieden bin, wenn es dort so läuft, wie es halt läuft. Ist das alles? Das kann doch nicht alles sein! Ich sehe die Bibel vor mir liegen, ein Buch voller Hoffnungen, voller Erwartungen, meinen eigenen Erwartungen unendlich weit voraus.

Einmal wird es sein – so die Propheten – dass keiner mehr hungert und keiner mehr mit dem Fett des anderen sichs gut sein lässt. Alle werden zu essen haben und zu trinken. Die Decke der Trauer und der Blindheit wird weggenommen. Die Völker werden durchblicken. Der Schmach ist ein Ende gesetzt. Das Geschäft des Todes ist bankrott. Gott selbst wischt uns die Tränen aus dem Gesicht.

Wer sich schwertut, diesen Verheißungen zu trauen, kann er sich nicht mit denen verbinden, die am Boden liegen und von der Verheißung leben, dass Gott sie aufrichtet?! Ewiges Leben heißt ja nicht, dass es endlos so weitergeht. So stellen sich das die vor, die hier schon alles zu haben scheinen, aber nie genug kriegen; die das, was sie haben, für immer haben wollen. Anderes fällt ihnen nicht mehr ein als ihre private Seligkeit. Das kann's doch nicht sein. Ewiges Leben heißt neuer Himmel und neue Erde (vgl. Offb 21), Durchbruch in eine neue Dimension jenseits der Zeit: Glück, das nicht mit dem Unglück anderer bezahlt wird; Lust, die nicht Privatvergnügen oder Gruppenprivileg bleibt, sondern alle erfasst; Jubel darüber, dass alle zu ihrem Recht kommen und Frieden finden.

Wer keine Musik kennt, meint vielleicht, ohne sie entbehre er nichts – vielleicht! Jedenfalls, wer einmal auf den Geschmack gekommen ist, der kann ohne sie nicht leben. Ostern weckt und kräftigt den Geschmack am Leben. Christen verachten nicht das, was ist. Aber sie lassen sich damit nicht abspeisen. Ihre Sehnsucht, ihre Lust am Leben greifen weit darüber hinaus, sie wittern mit allen Sinnen die Signale des ewigen Lebens. „Präludium vitae aeternae", las ich auf einer Orgel. Es gibt Momente in unserem Leben, die können nur so wahr sein, weil sie ein Präludium sind für das ewige Leben. Das ist intoniert, mitten in unserem Leben.

Ausstrahlung

[Schrifttext: 2 Kor 5,14–18]

Nicht zu fassen

Sie kennen sicher den Isenheimer Altar von Matthias Grünewald. Sehr oft ist nur das Kreuz abgebildet. Nicht minder ausdrucksstark ist das Osterbild. Ich kenne keine treffendere Darstellung des auferstandenen Christus: Eine Gestalt von überirdischer Schönheit in leuchtenden Farben. Sie wird nicht angestrahlt, sie strahlt von innen heraus – wie die Sonne. Auf den ersten Blick könnte man meinen, Jesu Körper habe sich in einen Astralleib verwandelt. Aber genau diesen

Eindruck vermeidet Grünewald sehr bewusst. An den Wundmalen lässt er unverkennbar den Gekreuzigten erkennen. Mit Esoterik hat er ganz und gar nichts im Sinn. Er zeigt auch nicht die vom Leib befreite Seele im Kreis der Seligen. Ihm liegt alles daran, das Wunder einer Verwandlung anzudeuten, das sich in Jesus mit seiner unverwechselbaren Lebensgeschichte ereignet hat. Der Auferstandene ist der Gekreuzigte, dieselbe Person – ganz anders, einfach vollkommen, vollendet. Die Wahrheit seines Lebens kommt ans Licht, eine Gestalt von unzerstörbarer Endgültigkeit.

Aus den sparsamen biblischen Ostertexten erfahren wir kaum etwas über die Umstände der Auferweckung Jesu. Sie sagen nur, dass er sich zeigt und Menschen anspricht (wie Maria von Magdala), dass er sich zu erkennen gibt. Oder: Dass Gott ihn „sehen" lässt, indem Menschen die Augen aufgehen und das Herz. In einem Punkt sind die Erzählungen bemerkenswert genau: Sie unterscheiden trennscharf zwischen der Auferweckung des Lazarus durch Jesus und der Auferweckung Jesu durch Gott. Lazarus kehrt in sein früheres Leben zurück. Es ist, als wäre nichts gewesen, es bleibt alles beim Alten. Bei Jesus ist das ganz anders. Sein Tod bringt nicht nur eine kurze Unterbrechung seiner Lebensgeschichte. Es geht nicht ebenerdig weiter. Der Auferstandene lebt in einer neuen Sphäre, die das vorhandene Weltgefüge unendlich übersteigt. Er erreicht eine neue Dimension, die über all unsere Vorstellungen weit hinausgeht: „Das Alte ist vergangen, Neues ist geworden" (2 Kor 5,17). „Nicht zu fassen", sagen wir, „du kannst dir kein Bild davon machen." Und Grünewald wagt's. Er malt, was nicht zu fassen ist. Er geht an die Grenze und weist über sie hinaus.

Am Ende

Die Grenze ist hart wie der Stein, der vor dem Zugang zum Grabe liegt, daran ist nichts zu machen. Da läuft sich alle Geschäftigkeit tot. Da sind wir mit unserem Latein am Ende, und mit unserem Griechisch auch – was Platon und seine Seelenlehre betrifft. Unser Leben endet im Tod, daran führt kein Weg vorbei. Gegen den Tod ist kein Kraut gewachsen. Das wissen wir. Wir können uns nicht selbst aus dem Abgrund des Todes herausholen. Dafür gibt es unter Menschen keine Kompetenz und Macht. Die Vollendung unseres Lebens ist weder das Ergebnis einer kontinuierlichen Evolution der irdischen Verhältnisse noch unsere Erfindung oder äußerste Fortschrittstat, nein, die hat Gott sich selbst vorbehalten. „Das alles kommt von Gott", sagt Paulus klipp und klar (5,18).

Im Zeichen des Lebens

Was kommt von Gott? Er teilt uns nicht etwas über das ewige Leben mit (wie die neuesten Nachrichten), er teilt sich selbst mit, in seinem Sohn Jesus Christus. Gott holt uns aus dem Tod heraus, indem er solidarisch an unserem Leben und an unserem Tod teilnimmt. Nun hat es der Tod mit Gott zu tun. Ihm muss er das letzte Wort lassen. Jesus Christus ist der Tod des Todes. „Er ist für alle gestorben, damit die Lebenden nicht mehr für sich leben, sondern für den, der für sie starb und auferweckt wurde" (5,15).

Was bleibt uns angesichts des Todes? Es bleibt Jesus Christus. Er ist der Garant der neuen Schöpfung, die nicht mehr im Zeichen des Todes steht, sondern im Zeichen des Lebens. Er ist die Bezugsperson, das Medium des ewigen Lebens. Worauf es also ankommt ist, bei ihm zu sein. „Wenn jemand in Christus ist, dann ist er eine neue Schöpfung: Das Alte ist vergangen, Neues ist geworden" (2 Kor 5,17).

Das schafft ein anderes Lebensgefühl, ein anderes Leben. Unsere Lebensdynamik erfährt eine neue Richtung: nicht mehr rein biologisch vom Leben zum Tod, sondern mit Christus vom Tod zum Leben. Das ist die Maßgabe. „Also schätzen wir von jetzt an niemand mehr nur nach menschlichen Maßstäben ein" (5,16).

In unserem Leben steckt mehr drin, als wir von Adam und Eva her in den Genen oder in den Knochen haben. Christi Weg ist in unseren Weg eingezeichnet.

Ein solcher Lebensweg strahlt aus, vom auferstandenen Christus her, wie bei Grünewalds Osterbild. Die Energie kommt von innen. Wir verpulvern unsere Energie allzu sehr in die Anstrahlung. Schade! Der Weg der Reform führt von der Anstrahlung in die Ausstrahlung. Menschen mit Ausstrahlung sind gefragt. So hat Christus sich das mit uns Christen gedacht.

Christus, das Oster-Lamm

[Schrifttexte: Röm 8,18–23; Mk 16,9–15]

Bei den Tieren

Oster-Lamm! Eigenartig – Ostern verbinden wir seit eh und je mit dem Lamm. Gemeint ist nicht das kleine Lämmchen vom Bäcker, mit Schokolade überzogen. Nein, den Auferstandenen verbinden wir mit einem leibhaftigen Lamm aus Fleisch und Blut.

Die Bibel deutet das Leben und Sterben Jesu im prophetischen Bild vom Gottesknecht:

„Er wurde misshandelt und niedergedrückt …

ein Lamm, das man zum Schlachten führt …"

(Jes 53,7).

Dieser Jesus ist aber nicht nur das dumme Schaf und das arme Schwein. Er ist auferweckt und verdient alles Lob:

„Würdig ist das Lamm, das geschlachtet wurde,

Macht zu empfangen, Reichtum und Weisheit,

Kraft und Ehre, Herrlichkeit und Lob" (Offb 5,12).

Der Einbildungskraft des christlichen Glaubens war es schon früh ganz wichtig, dass Jesus zwischen den Tieren zur Welt kam, zwischen Ochs und Esel. „Er lebte bei den (wilden) Tieren", sagt der Evangelist Markus (1,13) kurz und bündig von seinen vierzig Tagen Wüstenzeit. Auf einem Esel reitet er in Jerusalem ein (Mk 11,1–11). Wie könnte es auch anders sein, als dass der Schöpfer aller Kreatur seinen Geschöpfen verbunden ist.

Bewahrung der Schöpfung

Wenn wir heute hier vom „Lamm Gottes" sprechen, „das die Sünde der Welt hinwegnimmt" (Joh 1,29), dann bleibt uns das Wort im Mund stecken. Wir können die Bilder von den Scrapie-Lämmern und BSE-Rindern nicht ausblenden.

Die Seuche unter den Tieren offenbart eine Krankheit unter den Menschen, der Wahnsinn der Rinder deutet auf einen Wahnsinn in unserer Gesellschaft hin. Was machen wir in der industriellen Vermarktung mit den Tieren? Wie geistlos gehen wir mit unseren Mitgeschöpfen um? Wir plündern sie aus nach Strich und Faden, machen sie zum Material unserer Manipulationskünste und Konsumgelüste. Wirtschaftsinteressen gehen über alles, auch über Leichen – über Berge von Leichen. Was ist das für eine Zivilisation? Wir zerstören die Grundlagen unseres eigenen Lebens, aus purer Eigensucht. Das ist „die Sünde der Welt".

Agrarindustrie und Gentechnik – diese Wortverbindungen sagen alles. Sie setzen in eins, was auseinanderzuhalten ist. Tiere sind keine Autos und Landwirte keine Ingenieure. Wir sind dabei, aus den vorgegebenen Kreisläufen der Natur auszusteigen, uns von unseren Lebenswurzeln zu lösen. BSE und MKS sind keine biblischen Plagen, sondern Produkte einer falschen Einstellung zum Leben. Wir wollen die Natur technisch, industriell überholen und bekommen auf einmal die rote Karte gezeigt.

Mitgeschöpfe

Wenn das so weitergeht, dann geht's bald nicht mehr so weiter. Die Welt ist kein Rohstofflager, in dem man sich nach Belieben bedienen kann. Christen sprechen von der Schöpfung Gottes. Wir vergöttern die Welt nicht und verteufeln sie nicht, und wir dürfen sie nicht zum Teufel gehen lassen. Wir tragen Verantwortung für die Mitgeschöpfe. Sind wir uns dessen bewusst? Im Namen des einen Gottmenschen Jesus Christus ist bei uns oft genug der Mensch so beherrschend in den Mittelpunkt gerückt worden, dass die nichtmenschliche Kreatur ganz an den Rand gerät.

Wenn die Tiere Mitgeschöpfe sind, dann sind sie nicht nur Produkt oder Lebensmittel. Sie haben ihren Eigenwert. Das Verhalten in unserer Gesellschaft ist paradox: Einerseits werden die Tiere idealisiert. Man wird oft den Eindruck nicht los, dass es mehr Tierfreunde gibt als Menschenfreunde. Andererseits werden die Tiere zu Hunderttausenden gekeult, und die verkohlten Knochenhaufen stinken zum Himmel. Das passt doch nicht zusammen. Wer der Schöpfungsbotschaft der Bibel folgt, der weiß: Menschen sind Menschen und Tiere sind Tiere. Sie sind kein Menschenersatz. Aber sie sind in ihrer Eigenständigkeit und eigenen Gesetzmäßigkeit zu achten.

Auferstehung des Fleisches

Die Welt ist endlich, noch nicht vollendet. Das merkt man ihr an. Sie stöhnt und liegt in Geburtswehen, sagt die Lesung aus dem Römerbrief. Die Schreie sind deutlich vernehmbar. Mensch und Natur warten auf die Erlösung. Gott erlöst die Schöpfung, nicht nur den Menschen. Das feiern wir Ostern.

Christus ist „das Haupt der neuen Schöpfung", er ist nicht nur das Haupt der Kirche. In den mittelalterlichen Darstellungen „Christus in der Mandorla" ist er wie selbstverständlich von den Tiersymbolen der Evangelisten umgeben: Der wahre Gott und der wahre Mensch – eingewurzelt in der Vitalität und Materialität der ganzen Schöpfung.

Dem entspricht der Auftrag von Ostern: „Geht hinaus in die ganze Welt und verkündet das Evangelium allen Geschöpfen" (Mk 16,15). Franz von Assisi hat das ganz wörtlich genommen. Er hat den Vögeln gepredigt und den Wolf umarmt. Nicht nur der Mensch, die ganze Welt und alle Geschöpfe sind in die Heilsbotschaft einbezogen. Im Zeichen des Evangeliums finden Mensch und Tier zu einem versöhnten Miteinander.

Die Älteren erinnern sich sicher noch an die frühere Formulierung im Apostolischen Glaubensbekenntnis: Ich glaube an die Auferstehung des Fleisches, „carnis resurrectionem". Heute sagen wir: „Ich glaube an die Auferstehung der Toten." Das hat seinen guten Grund, ist aber nur auf den Menschen bezogen. Ostern geht weit darüber hinaus. „Alles Fleisch wird schauen Gottes Heil" (Lk 3,6). „Caro cardo salutis", das Fleisch ist der Angelpunkt des Heils. Alles, was lebt, hat ein Stück gemeinsamer Geschichte, sagt uns die Evolution. In Christus ist „alles Fleisch" erlöst, Mensch und Tier und alle Kreatur. Darum „geht hinaus in die ganze Welt und verkündet das Evangelium allen Geschöpfen".

PFINGSTEN

„Du kannst dir kein Bild davon machen …"

‚Das ist nicht zu fassen', sagen wir. Es gibt Erfahrungen, die nicht in Worte zu fassen sind, gute und böse Erfahrungen, Sternstunden und Hiobsbotschaften: Nicht zu fassen. Vielleicht denken Sie heute am Pfingsttag eher an Situationen, da Ihnen das Herz aufging – unfassbar, unbeschreiblich: ein strahlender Sonnenaufgang, eine hinreißende Musik, eine umwerfende Begegnung. Wir sind ‚ganz weg', geraten außer uns, tanzen und singen. Das Gespür für die Wirklichkeit weitet sich über die Grenzen des Vorfindlichen hinaus. Neue Horizonte tun sich auf. Wir ahnen: Es gibt noch ganz andere Lebensmöglichkeiten als die, die in unseren Kräften stehen, Größeres, Unbedingtes, die Möglichkeiten Gottes mit uns!

Sich halten an den Unfassbaren

Das ist Pfingsten. Menschen geraten außer sich. So steht's da wörtlich: „Alle gerieten außer sich …" (Apg 2,12). Sie sind erfüllt von Gottes Geist. Der sprengt jeden Rahmen, der ist nicht zu fassen, er weht, wo er will (vgl. Joh 3,8). ‚Du kannst dir kein Bild davon machen', sagen wir. So ist das mit dem Heiligen Geist.

Gerade so bringt er zum Ausdruck, was uns das zweite Gebot des Dekalogs einschärft: „Du sollst dir kein Bild machen von Gott …" (Ex 20,4). Gott ist nicht ein Produkt unserer Vorstellungen und Bedürfnisse, nicht in Bildern fassbar. Das goldene Kalb muss zermalmt werden. Ein selbstgemachter Gott ist kein Gott, sondern ein Hampelmann.

Und doch – wir Menschen sind sinnliche Wesen. Wir sind auf Bilder angewiesen, um zu Einsichten zu kommen. Wir greifen zu Symbolen, um den Heiligen Geist und sein Wirken darzustellen: Wasser, Feuerzungen, Sturm, Atem. Aber damit haben wir ihn nicht im Griff. Wir haben ihn nicht in der Hand, als wäre er ein Prachtexemplar des kirchlichen Inventars, über das wir verfügen und das wir nach Bedarf unters Volk bringen.

Welch ungeheure Spannung: Einerseits denken wir in Bildern, andererseits müssen wir die Bilder ständig hinter uns lassen, sonst verwechseln wir sie schließlich mit der Sache selbst und meinen, wir hätten den Heiligen Geist darin eingefangen. Das ist ein ständiger Lernprozess, Bildung wortwörtlich. Die Wirklichkeit gerade des Geistes ist unfassbar. Wir halten uns an den Unfassbaren, sagt Hans Urs von Balthasar.

Das Bild des unsichtbaren Gottes

Im Menschen ist göttlicher Atem, er belebt ihn (vgl. Gen 2,7); der Mensch ist Gottes Ebenbild. Darum ist er in das Bilderverbot einbezogen. Das hat der schweizerische Schriftsteller Max Frisch immer wieder unterstrichen: „‚Du sollst dir kein Bildnis machen', heißt es, von Gott. Es dürfte auch in diesem Sinne gelten: Gott als das Lebendige in jedem Menschen, das, was nicht erfassbar ist. Es ist eine Versündigung, die wir, so wie sie an uns begangen wird, fast ohne Unterlass wieder begehen – ausgenommen, wenn wir lieben" (Tagebuch).

Der, durch den uns das aufgegangen, ist Jesus Christus. Er hat in Gleichnissen von Gott gesprochen, er ist zum Gleichnis Gottes und des Menschen geworden. „Er ist das Bild des unsichtbaren Gottes" (Kol 1,15). Und doch hat er keinen Zweifel daran gelassen, dass wir ihn nicht in der Hand haben, schon gar nicht im Griff. Er entzieht sich unserem Zugriff. Wir können ihn nicht festhalten (vgl. Joh 20,17). „Es ist gut für euch, dass ich fortgehe …" (Joh 16,7), sagt er. Er ist das sichtbare Bild des unsichtbaren Gottes. Beides gilt: sichtbar und unsichtbar – wie in der Emmausgeschichte, wie in der Eucharistie.

Bilderverbot, das den Menschen betrifft

Der Mensch – Gottes Ebenbild. Wir sind ständig in Gefahr, uns ein Bild zu machen vom anderen, ihn in unsere Vorurteile zu pressen. Damit machen wir ihn schließlich fix und fertig. Besonders hart trifft das in der Regel die sogenannten Ausländer: *die* Polen, *die* Rumänen, *die* Türken, *die* Muslime. Wir versündigen uns an ihnen und an Gott, dessen Ebenbild sie sind. ‚Mensch, du kannst dir kein Bild davon machen‘, du darfst dir kein Bild davon machen. Wenn wir die Menschen auf ein Bild reduzieren, dann verstoßen wir gegen Gottes Gebot.

Wir leben in einer visuellen Kultur. Die Macht der Bilder fesselt uns über viele Kanäle. Wir lassen uns gefangennehmen von bestimmten Vorstellungen, Kategorien, Schemata und übertragen sie dann auf die Menschen neben uns.

Ist das nicht bezeichnend: Das erste Bild, das wir heute in der Regel von einem Menschen haben, kommt vom Ultraschall: Der Blick des Arztes auf den Embryo bei der vorgeburtlichen Untersuchung. Nicht die Mutter blickt zuerst auf das Kind und der Vater, sie tun es dann mit den Augen des Arztes, der nach Fehlern sucht, nach Schwächen oder gar nach den Schwachen. Ist das der Blick der Liebe?

Wie sehen wir uns selbst? Mit wessen Augen schaut sich an, wer im Spiegel nur noch Fettpolster hier und Tränensäcke dort sieht, den eigenen Körper sozusagen als einen einzigen Schönheitsfehler? Welchem Vorbild eifert nach, wer sich für Fitness, Wellness und Beautyness mit einer Ausdauer und Leidenschaft quält, die mittelalterliche Folterknechte in Erstaunen versetzt hätte? Die Weigerung des Menschen, sich als Ebenbild Gottes anzunehmen, schürt eine zermürbende und zerstörerische Unzufriedenheit mit sich selbst. Sie liefert den Menschen schutzlos dem Perfektionszwang der selbstfabrizierten Idealbilder aus.

Aus diesem Bann kann ihn nur die Liebe befreien. Sie lässt sich nicht von vorgefertigten Bildern fesseln. Wer wirklich liebt, der hört auf, sich ein Bild vom Geliebten zu machen, dem dieser genügen muss, um liebenswert zu sein. Er sagt: ,Ich sage ja zu dir, so wie du bist. Ich liebe dich einfach.'

,Du kannst dir kein Bild davon machen.' „Du sollst dir kein Bildnis machen von Gott, deinem Herrn, und nicht von den Menschen, die seine Geschöpfe sind" (Max Frisch).

Sendung statt Sitzung

[Schrifttext: Apg 2,1–11]

Wir haben ein Problem in der Kirche in Deutschland. Sie denken, man sieht's: Wir werden weniger und wir haben weniger. Das treibt uns um und beschäftigt uns pausenlos von Sitzung zu Sitzung. Und doch liegt das eigentliche Problem tiefer.

Uns fehlt die Überzeugung, dass wir hier und heute in unserem Land und in der Welt eine Mission haben, die Mission, das Evangelium unter die Leute zu bringen, Menschen für den Glauben an Jesus Christus zu begeistern. Es läuft alles korrekt und reibungslos, aber – es hat keine Ausstrahlung! Es zündet nicht. Das Feuer des Evangeliums ist sauber abgedeckt, da kann kein Funke überspringen. Damit sind wir mitten in der Pfingsterzählung.

Feuer und Flamme

Die Feuerzungen sind Flammen vom Feuer Jesu. „Ich bin gekommen, um Feuer auf die Erde zu werfen", sagt er. „Wie froh wäre ich, es würde schon brennen" (Lk 12,49). Pfingsten geschieht die Initialzündung, Pfings-

118

ten brennt's. Menschen werden vom Geist Jesu erfasst, sind „Feuer und Flamme." Sie fangen Feuer.

Manchmal sitzen wir an einem Problem und blicken nicht durch. Und auf einmal kommt die zündende Idee: „Da geht mir ein Licht auf!" Wenn das geschieht, dann erhellt sich unser Gesicht, wir strahlen. Wenn uns Christus, das Licht der Welt, wirklich einleuchtet, dann strahlen wir. Menschen mit Ausstrahlung! So geschieht Mission. – Nicht, indem wir Werbekolonnen anheuern oder Unmengen von Papier unters Volk bringen (Reaktion: „Bitte keine Werbung!"). Es geht auch im Letzten nicht um die Medien, sondern um das Medium, das wir selbst sind. Wir sind *das* Medium der Ausstrahlung Gottes.

Ausstrahlen

Viele Zeitgenossen, gerade oft nachdenkliche und spirituell hungrige, suchen den Zugang zum christlichen Glauben und zum Leben der Gemeinde. Warten wir nur darauf, dass sie kommen, oder gehen wir zu ihnen hin, in die Brennpunkte ihres Lebens? Der Glaube lebt vom Weitersagen: Warum bin ich Christ? Warum bleibe ich es? Was lässt mich glauben und hoffen? Es gibt nicht nur Menschen, die sich der Kirche entfremden und schließlich ihren Austritt erklären. Es gibt zunehmend auch Zeitgenossen, die nach dem Eingang fragen in den Glauben und in die Kirche. Wen treffen sie im Eingangsbereich an? Wie erleben sie uns in den Gemeinden und darüber hinaus? Verstehen sie, was wir zu sagen haben?

Was uns fehlt, ist die Ausstrahlung. Die Gottesmüdigkeit, die mangelnde Glaubenslust ist unsere eigentliche Schwäche. Wir leugnen Gott nicht, aber wir rechnen auch nicht ernsthaft mit ihm. Unser Gott ist weder zu fürchten noch zum Verlieben. Fängt jemand damit an, wird er schnell in die charismatische Ecke gestellt. So reden und erklären wir alles Mögliche, aber es kommt kaum durch, was wir der Welt schulden: das Zeugnis vom lebendigen Gott. Dazu brauchts zuerst nicht ausgeklügelte Strategien und gestylte Kampagnen, sondern Leidenschaft für Gott und die Menschen. Wir haben etwas zu sagen, für das es in der Welt keine bessere Alternative gibt.

In alle Welt

Die Kirche ist kein Selbstzweck, sie ist kein Nischenanbieter auf dem Markt religiöser Sinnangebote. Leider ist weithin der Eindruck entstanden, sie sei nur mehr eine Veranstaltung für Kirchenleute, ein Interessenverein, der verwaltet, was er hat. Wir dürfen unsere besten Kräfte und Hoffnungsenergien doch nicht in kircheninterne Strukturdebatten verpulvern. Sie wollen zur Welt kommen. Wir schulden der Welt das Evangelium vom Reich Gottes, nicht mehr und nicht weniger. Der Bezugspunkt christlichen Handelns ist nicht die Kirche, sondern das Reich Gottes. Gott selbst ist es, der im Notruf der Mitmenschen und in den Zeichen der Zeit an die Türen unserer Kirchen, unserer Gemeinden und unserer Herzen klopft und uns auf den Weg schickt, damit wir seine Mission in dieser Welt nicht verschlafen.

In unserer Gesellschaft ist die Religion Privatsache geworden. Das darf sie nicht bleiben. Das Evangelium ist kein beliebiger Diskussionsbeitrag, es will uns zum wahren Leben befreien. Die Kunst des missionarischen Handelns besteht darin, von Herzen zum Glauben einzuladen und dabei nicht zu unterschlagen, dass es um Heil und Unheil geht, um die Zukunft der Welt und der Menschen.

Müssen sich denn heute nur die rechtfertigen, die glauben? Woran glaubt, wer nicht an Christus glaubt? Wofür stehen sie ein? Welcher Schaden entsteht dort, wo man ohne Gott auszukommen meint? Man muss auch das „ohne Gott" verantworten, mit allen Konsequenzen für die Zukunft unserer Gesellschaft und des Menschen.

Wer sich vom Geist Gottes leiten lässt, der wird nicht beim Jammern und Klagen stehen bleiben. Er wird sich in Gottes Mission einklinken. Die „Feuer und Flamme" sind, strahlen auch aus. „Komm, Heiliger Geist, entzünde in uns das Feuer deiner Liebe."

Die Gabe der Gottesfurcht

Wer Pfingsten feiert, denkt an die Gaben des Heiligen Geistes. Davon spricht die Bibel, davon singen unsere Lieder und Hymnen: „O Schatz, der siebenfältig ziert …" Sieben Geistesgaben. Die siebte Gabe ist den meisten von uns sicher ganz fremd, geradezu anstößig: die Gottesfurcht, die Furcht des Herrn. Was fangen wir damit an? Sollen wir allen Ernstes darum bitten? Wir sind aufgeklärte Leute. Haben die dunklen Gottesbilder nicht lange genug Menschen vergiftet? Gott ist doch kein Tyrann, kein Kinderschreck, er ist Liebe und Barmherzigkeit. Wiederholt bin ich im Zusammenhang der Firmung angesprochen worden: „Wie können Sie denn noch um die Gabe der Gottesfurcht bitten? Lassen Sie die doch weg." Nein, das tue ich ausdrücklich nicht. Sie sagt etwas sehr Wichtiges über unser Verhältnis zu Gott.

Keine Nähe ohne Distanz

Sie kennen das Wort „Ehrfurcht". Auch darin steckt „Furcht", wie in der Gottesfurcht. Ehrfurcht vor dem Leben ist eine brandaktuelle Tugend. Wir erleben, was geschieht, wenn die Erde nach Strich und Faden ausgeplündert wird. Die Bäume unserer Fortschrittsbesessenheit wachsen nicht in den Himmel, sie sterben. Das Loch im Himmel – das Ozonloch – bereitet Menschen die Hölle auf Erden. Ein heilsamer Schrecken ist vielen in die Glieder gefahren, die Furcht, wir könnten die Fundamente unseres Lebens zerstören. Ehrfurcht vor der Schöpfung! Die gipfelt darin, dass die Würde des Menschen nicht angetastet werden darf.

Ein Wort hat sich mir eingeprägt; ich fand es vor vielen Jahren, eingraviert in ein Tabernakel: „Das Größte auf Erden ist die Ehrfurcht, denn sie ist der Kern der Liebe." Wie ist das zu verstehen? Liebe kann man nicht machen, man kann sie nicht erzwingen, nicht mit Geld und guten Worten. Sie ist ein Geschenk. Wer denkt: Ich habe den anderen im Griff, greift ins Leere, an der Liebe vorbei. Sie lebt von der Scheu vor dem unantastbaren Geheimnis des Anderen. Es ist ein folgenschwerer Irrtum zu denken, Liebe sei unumschränkte Nähe, ohne jede Distanz. Die Ehrfurcht deutet an, dass Nähe nicht ohne Distanz zu gewinnen ist. Schon gar nicht im Verhältnis zu Gott. Und damit sind wir nun bei der Gottesfurcht.

Himmlischer Spaßmacher?

Jede ernsthafte Beziehung lebt von einem starken Gegenüber. Sie reift in dem Maße, wie Achtung und Respekt voreinander wachsen. Das gilt erst recht für die Gottesbeziehung. Gott ist nicht jemand von nebenan. Er ist der Schöpfer, und wir sind seine Geschöpfe. Gott ist Gott und Menschen sind Menschen, nicht Herrgötter.

Wer es mit Gott zu tun bekommt, der kann sich auf einiges gefasst machen. Es ist jedenfalls nicht das reine Vergnügen mit einem himmlischen Spaßmacher. Viele denken sich das so. Die Vorstellung vom Richter mit dem Schwert in der Hand ist oft genug in eine Religion des lieben Gottes umgeschlagen. Der segnet nur ab, was kommt. Da ist nichts von Herausforderung, von Widerstand oder Zorn gegen das, was ist und was ich gerade zu sein beliebe. Der so erträumte oberste Gutmütige trägt schließlich dazu bei, die Feigheit vor dem Leben, die Scheu vor harten Bewährungen zu verewigen. „Ein Gott ohne Zorn brachte Menschen ohne Sünde in ein Reich ohne Gericht durch den Dienst eines Christus ohne Kreuz" (Reinhold Niebuhr). Entsprechend folgenlos, langweilig und realitätsfremd ist die Glaubenspraxis. Unser „Gott" ist weder zu fürchten noch zum Verlieben.

„Mein Problem ist nicht, ob Gott existiert oder nicht, das meine beginnt damit, dass Er existiert" (Fridolin Stier). Und dass die Verhältnisse in dieser Welt so sind, wie sie sind. Ist es nicht das Leben selbst, das uns die Abgründe Gottes ahnen lässt? Das Leben in dieser Welt ist nicht nur hinreißend schön, es kann auch ganz schrecklich sein und kaum mehr erträglich. Ein reifer Glaube kann das Leid der Welt nicht einfach wegschminken, er muss ihm standhalten. Den Gott, der umstandslos zu unseren Wünschen passt, gibt es im Christentum nicht.

In die Knie gehen

Jesus hat uns einen anderen Gott nahegebracht, nicht einen, den man sich unter den verlieblichenden Schal-

meientönen einer esoterischen Kuschelreligion nach
eigenen Bedürfnissen zurechtträumen kann. Er passt
nicht in unseren Kram, steht quer zu vielem in der
Welt, ist auch erschreckend fremd, unbequem und wi-
derständig. Menschen, die ihm begegnen, gehen in die
Knie. Kennen wir das noch? Vor wem gehen wir in die
Knie? „Fürchte dich nicht", heißt es oft, wenn Gott auf
den Plan tritt. Also ist doch Grund zur Furcht. Gottes-
begegnungen sind Erfahrungen an der Grenze unseres
Daseins. Sie gehen durch Mark und Bein. Mit dem
„Fürchte dich nicht" sagt Gott dem Menschen, dass
er ihm in dieser Situation vertrauen kann: „Ich bin
bei dir."

Gottesfurcht ist nicht lähmende Angst, sie ist be-
freiend. Wer Gott fürchtet, braucht vor keinem Menschen Angst zu haben. Umgekehrt: Wer die Gottesfurcht preisgibt, der wird von der Heidenangst
überrollt.

Die Gottesfurcht ist eine Gabe des Heiligen Geistes. Gott bleibt der ganz Andere, der Unbegreifliche,
der Heilige. Aber Jesu Botschaft lässt uns erahnen, dass
die Andersartigkeit Gottes aus seiner abgründigen Liebe kommt. Dafür steht der Heilige Geist. Er lässt uns im
Lichte Gottes erkennen – in Glück und Dank und im
Erschrecken über die Welt und über uns selbst –, wie
wir sein könnten und sein sollten, im Format Jesu.

„Ich selbst bringe Geist in euch"

[Schrifttext: Ez 37,1–14]

Ezechiel beschreibt eine Horrorvision, wie Bilder aus Konzentrationslagern: Totengebein über Totengebein, eine einzige Domäne des Todes: Der Prophet wird in eine weite Ebene hinausgeführt. Ausgetrocknete Knochen liegen da umher, ein Gerippe neben dem anderen. So weit das Auge reicht, ist alles hoffnungslos tot. Da kann einem angst und bange werden. Was soll das Ganze?

Mehr tot als lebendig

Es verschlägt einem den Atem, wenn man liest: „Diese Gebeine sind das ganze Haus Israel" (11). Mit anderen Worten: Hier geht es um das Gottesvolk. Es ist nach Babylon verbannt, fern der Heimat. Es ist von den Wurzeln seines Lebens abgeschnitten und siecht dahin. Wer keine Hoffnung mehr hat, ist eh schon tot. ,Mit uns ist es aus', sagen die Leute, ,wir sind am Ende. Das ist doch kein Leben.' „Ausgetrocknet sind unsere Gebeine, unsere Hoffnung ist untergegangen, wir sind verloren" (11).

127

Geht's uns in der Kirche heute anders? Reden wir nicht ähnlich? Oft tun wir so, als seien es nur die Kritiker in den Medien, die der Kirche den Tod ansagen und sie auszählen möchten. Das alles ist vergleichsweise harmlos gegenüber dem, was Gott dem Propheten sagt: ‚Die Gebeine sind das Gottesvolk.‘ Sagen wir es deutlich: So sieht's mit der Kirche aus. Alt sieht sie aus, ausgetrocknet und starr, müde und resigniert, mehr tot als lebendig. Hoffnung soll sie wecken und ist selber hoffnungslos mit sich selbst beschäftigt. Sauerteig soll sie sein, stattdessen werden die Leute sauer. Sie passt in das allgemeine Bild: politikverdrossen, kirchenverdrossen, gottverdrossen und am Ende menschenverdrossen.

Strategien?

Können wir uns eingestehen, dass wir in der Kirche an einen toten Punkt gekommen sind? Wie soll es weitergehen? Oft werde ich gefragt: Welche Strategie haben Sie denn, um dem schleichenden Zerfall zu begegnen? Dazu ist manches zu sagen, die Frage ist nicht vom Tisch zu fegen. Es gibt Strukturfragen, die längst fällig sind oder gar überfällig. Und doch werden wir mit neuen Strategien und Strukturen, so wichtig sie

128

sind, allein nicht weiterkommen. Wer nur oder vor allem darauf setzt, vermehrt schließlich nur das umherliegende Gerippe. Die Krise lässt sich nicht einfach managen. Was soll ich Eltern sagen, wenn sie schmerzlich feststellen, dass der Glaube nicht überkommt zu ihren Kindern? Liegt's an der falschen Strategie? Muss es Schuld sein, dass etwas in die Brüche geht und wir mit unseren besten Absichten scheitern? Die Fixierung auf die Schuldfrage und das Jagen der Sündenböcke verhindern nur zu oft, dass wir uns dem Ruf Gottes in den Umbrüchen des Lebens und unserer Zeit stellen. Gelebte Hoffnung ist nicht fix und fertig, sie reift in Niederlagen und im Durchleiden des eigenen und der Kirche Schatten. Das Material der Wandlung besteht ja nicht nur und wohl auch nicht zuerst aus unseren Glanzseiten, sondern auch aus unseren zugegebenen und angenommenen Aporien, aus den Bruchstücken unseres Lebens, aus den verbleichenden Knochen (vgl. 1 f.).

„Das weißt nur du"

Mitten auf dem Totenfeld hört der Prophet Gottes Stimme: „Menschensohn, können diese Gebeine wieder lebendig werden?" (3). Das ist die große Frage.

Was soll ein armes Menschenkind schon darauf antworten? Gegen den Tod ist kein Kraut gewachsen, tot ist tot. Wir haben weder die Macht, uns vor dem Grab zu retten, noch die Fähigkeit, dieses Grab zu sprengen. Die eigenen Möglichkeiten sichern uns das Leben nicht. Das gilt auch für die Kirche, was immer wir da auf die Beine stellen.

Und die Antwort auf die Frage Gottes? Kein lautstarkes Ja im Brustton der Überzeugung. Der Prophet gibt die Frage an Gott zurück: „Herr und Gott, das weißt nur du" (3). In diesem verhaltenen Bekenntnis liegt beides: Der Prophet sieht klar seine eigenen menschlichen Grenzen, und er traut Gottes ungeahnten Möglichkeiten. Das heißt glauben.

Nicht zu fassen

Wo wir diesen Glauben wagen, da regt sich etwas. Da finden die zerstreuten Bruchstücke wieder zusammen, da gewinnen sie Fleisch und Blut, Hand und Fuß (vgl. 7). Und der Geist? Das ist allein Gottes Sache, wie am Schöpfungsmorgen: „So spricht Gott, der Herr, zu diesen Gebeinen: Ich selbst bringe Geist in euch, dann werdet ihr lebendig" (5; vgl. Gen 2,7). Aber Gott nimmt uns dabei in Dienst wie den Propheten, er

130

braucht Menschensöhne und Menschentöchter, die sein Wort weitersagen: „Da sprach ich als Prophet, wie er mir befohlen hatte, und es kam Geist in sie. Sie wurden lebendig und standen auf" (10). Der Prophet spricht, doch ist und bleibt es Gottes Geist, der Leben schafft. Er führt vom Tod zum Leben. Über das Prophetenwort hinaus ist uns das verbürgt durch Jesus Christus, durch seine Auferstehung. Der Geist, der ihn beseelt, schafft Leben. Ihn haben und bekommen wir nicht in den Griff. Wo wir das vorgeben, greifen wir sicher daneben. Er ist im wahrsten Sinne des Wortes nicht zu fassen. Er ist kein Produkt der Kirche. Sie kann sich nicht selbst wieder beleben. Sie lebt vom Geist Gottes, sie ist eine Frucht des Geistes. Sie kann ihn nicht machen, aber sie kann ihn empfangen und den Geist überspringen lassen.

Das tut er auch heute. Er regt sich, wenn wir nur aufmerksam auf ihn achten. „Wer Ohren hat, der höre, was der Geist den Gemeinden sagt" (Offb 2,29). An uns ist es, ihn aufzuspüren in den Gemeinden und in uns selbst. Wenn wir ihn auch niemals im Griff haben (dürfen!), so ist er uns doch oft genug zum Greifen nahe – Gott sei Dank. Viele Frauen und Männer vor Ort haben den Mut, sich der schwierigen Kirchensituation ehrlich zu stellen, ohne Beschönigung und ohne Verzweiflung. Kritische Frauen geben trotz enttäuschender Erfahrungen nicht auf, ihren Platz in der Kirche einzuklagen, um der Zukunft der Kirche willen. Viele Männer und vor allem Frauen lassen sich nicht darin beirren, als Katecheten und Katechetinnen ihren Glauben mit jungen Leuten zu teilen. Christen in allen Konfessionen drängen trotz aller Widerstände zur Einheit im Glauben. Über die Grenzen der Kirchen hinaus setzen sich Menschen ein für Gerechtigkeit, Frieden und Bewahrung der Schöpfung, mit einschneidenden Konsequenzen in ihrem persönlichen Lebensstil. Muss ich weiter ausführen, wo neues Leben sich regt? Jeder mag selbst entdecken, wo Glaube, Hoffnung und Liebe um ihn herum und in ihm am Werke sind.

Der flexible Mensch?

[Schrifttext: Joh 7,37–39]

Flexibel sei der Mensch, clever und cool. So hört man es von allen Seiten, vorab von der Wirtschaft – und in deren Schlepptau von der Politik. Die an der Spitze rufen am lautesten: Flexibel sei der Mensch, zu Deutsch: biegsam, angepasst! Wer stehenbleibt, verliert. Beständig ist nur der Wandel. Der Markt ruft fortwährend nach Neuem. Heute wird ein junger Amerikaner nach dem Studium in vierzig Berufsjahren wenigstens elfmal die Stelle wechseln und dabei sein Wissen wenigstens dreimal austauschen.

Mit allen Wassern gewaschen

Die Folgen sind ebenso naheliegend wie weitreichend. Warum sich tiefer einlassen in eine Sache? Oberflächliche Kooperation genügt, ganz cool – versteht sich –, auf Distanz. Das ist der Typ des neuen Siegers: Im Hin und Her ändert er rasch seine Bindungen an Umstände und Menschen. Er ist mit allen Wassern gewaschen und schwimmt auf jeden Fall oben, im Mainstream. Wer nicht mitschwimmt, hat das Nachsehen – bis alles baden geht. Was ist in einer mobilen, ständig sich wandelnden Gesellschaft von bleibendem Wert? Alles wird austauschbar und ersetzbar, am Ende auch der Mensch selbst mit seinen Beziehungen. Man spricht – entlarvend genug – von Ehemobilität.

Ganz zu schweigen von der Mobilität in den Überzeugungen. Es ist heute chic, Positionen zu vertreten, wie jemand Seife oder Hemden vertritt und immer mal Produkt und Firma wechselt – ohne sein Herz daran zu hängen, geschweige denn sein Leben. Wir verlernen jene Entschiedenheit, mit der man in zentralen Lebensfragen nur so denkt und nicht anders. „Hier stehe ich und kann nicht anders", sagte Martin Luther. Heute heißt das: Hier stehe ich, und kann auch ganz anders.

Wandlung

Flexibel sei der Mensch! Wirklich? Flexibel ist ein lateinisches Wort. Das Lexikon übersetzt: biegsam, geschmeidig, unbeständig, haltlos. Also: Haltlos sei der Mensch? Das kann's doch nicht sein.

Mancher denkt bei solcher Kritik: ‚Ach ja, typisch Kirche. Da ändert sich nichts. Immer dasselbe, langweilig, starr. Das führt dann schließlich in den Fundamentalismus.' So nicht! Wandlungsfähigkeit hat ja durchaus ihr Gutes. Wir Christen halten viel von Wandlung, gerade von Pfingsten her. Die Pfingstsequenz singt ein Lied davon: „Flecte, quod est rigidum" („Beuge, was verhärtet ist"). Da steckt das Wort flexibel drin. Flexibel zu sein ist nicht in jedem Fall schlecht. Fatal ist die Veränderung um jeden Preis, ohne erkennbare Maßstäbe. Nichts erfordert so viel Treue und Beständigkeit wie lebendiger Wandel.

Wasser des Lebens

Mir ist ein Wort der Dichterin Hilde Domin wichtig geworden:

"Man muss weggehen können
und doch sein wie ein Baum:
Als bliebe die Wurzel im Boden …"

Ja: "Man muss weggehen können …" Wer immer auf der Stelle steht, muss nicht standfest sein, er kann auch lahm oder starr sein.

"Man muss weggehen können
und doch sein wie ein Baum:
Als bliebe die Wurzel im Boden …"

Die Wurzel bringt Nahrung in den Baum, mit dem Wasser das Leben. Wo haben wir unsere "Wurzel im Boden" zum Lebenswasser, das uns nährt? Wir sind nicht mit allen Wassern gewaschen, sondern mit einem ganz bestimmten: "Wer Durst hat", ruft Jesus, "komme zu mir, und es trinke, wer an mich glaubt." Da, an den Quellen, scheiden sich die Geister. Da zeigt sich, wes Geistes Kind jemand ist. Wir sind in der Taufe wiedergeboren aus dem Wasser und dem Heiligen Geist.

Flexibel sei der Mensch … Das entscheidende Kriterium für Veränderungen und Wandlungen in der

Kirche ist dies, dass die Wurzel im Boden bleibt und ihre Nahrung bekommt vom Wasser des Lebens.

Gesalbt – nicht angeschmiert!*

„Du Lebensbrunn, Licht, Lieb und Glut, der Seele Salbung, höchstes Gut" singt der Pfingsthymnus (Gotteslob 351). Manchem von uns ist er nah und vertraut, anderen eher fremd und unverständlich. „Der Seele Salbung"? Wir salben die Haut. Die Salbung der Seele geht unter die Haut. Sie geht an die Substanz, an unsere Identität. Christus heißt zu Deutsch: Der Gesalbte! Christen sind die Gesalbten – in Taufe und Firmung. Das ist unser Eigenname. Wir sind gesalbt, nicht angeschmiert.

Salbung, die unter die Haut geht

Wenn ich die Jugendlichen sehe, die zur Firmung kommen – was für ein Bild. Ganz anders heute als vor zwanzig Jahren. Tipptopp gekleidet; an Salben,

---

* Die Idee zu dieser Predigt verdanke ich Andreas Unfried.

Cremes und Gels ist nicht gespart. Hat da die Chrisamsalbung noch eine Chance? Die jungen Leute sind doch schon nach allen Regeln des Trends an Haut und Haaren gesalbt – oder sind sie angeschmiert?

Keine Frage, die Haut soll auf ihre Kosten kommen. Wer wollte nicht frisch aussehen und gut dastehen. Dazu haben wir allen Grund: „Oder wisst ihr nicht, dass euer Leib ein Tempel des Heiligen Geistes ist, der in euch wohnt und den ihr von Gott habt? … Verherrlicht also Gott in eurem Leib" (1 Kor 6,19f.). Wir sind gesalbt mit dem Heiligen Geist, nicht angeschmiert.

Aber offenkundig geht es nicht nur um den Leib. „Der Seele Salbung …" – ‚Das ist Balsam für meine Seele', sagen wir. Das geht in die Tiefe, eben unter die Haut. – Ein anerkennendes Wort, ein ermutigender Blick, eine einfühlsame Zuwendung – sie sind ‚Balsam für die Seele'.

Und erst recht, wenn Gott sich uns zuwendet. Wenn ich weiß: Er ist bei mir, er begleitet mich, er steht mir bei durch seinen Beistand, den Heiligen Geist. Das gibt Raum, das lässt aufatmen, das befreit zum Leben. „Du Lebensbrunn, Licht, Lieb und Glut, der Seele Salbung …"

Einmalig

Gesalbt wurde zu biblischen Zeiten nicht irgendwer, sondern die Könige, die Priester, die Propheten. Wer gesalbt wurde, war etwas Besonderes.

Ein Christ ist nicht irgendwer. Er ist gesalbt. Bei der Taufe fängt's an damit. Und mit der Firmung geht es weiter. Denn die Sache ist zu wichtig, als dass man sie im Baby-Alter verschlafen dürfte. Christen sind gesalbt, nicht angeschmiert. Gott sagt uns: ,Du bist etwas ganz Besonderes.' Wir sind alle Unikate, einmalig. Wir sind Originale, keine Abziehbilder. Jeden und jede von uns gibt es nur einmal.

Oft denke ich bei der Firmung: Ob das auch lange genug anhalten wird, das Wissen: Dieser Mensch ist Gottes besonderer Schatz. Ob man sich daran lange genug erinnert? Ob er das auch erfährt: Ich bin einmalig, unverwechselbar, nicht von der Stange. Ich bin von Ewigkeit her gewollt und geliebt. Eben gesalbt!

Nicht Wert, sondern Würde

Durch die Salbung kommt ans Licht, was allen Menschen von Gott geschenkt ist: eine unzerstörbare Würde. Der Mensch hat seine Würde, nicht einen be-

138

stimmten Wert. Das ist etwas anderes. Gnade uns Gott, wenn wir anfangen, Würde und Wert zu vertauschen. Der Mensch hat eine unzerstörbare Würde. Die zeichnet ihn aus, von Anfang bis Ende, vom ersten Atemzug bis zum letzten. Die kommt ihm nicht erst im Laufe der Zeit zu aufgrund bestimmter Fähigkeiten. Sie ist mit seinem Menschsein gegeben. Sie hängt nicht an Gesundheit und Stärke. Sie darf nicht in den Sog von Forschungs- und Wirtschaftsinteressen geraten. Wer wünschte nicht, dass Kranke geheilt werden! Aber dabei kann man doch nicht über Leichen gehen. Man kann nicht Schwache töten, um Schwächen zu beseitigen.

Wir sind gesalbt in Christi Namen. Darauf dürfen wir stolz sein. Das ist zugleich Auftrag und Verpflichtung. Wer Christ ist, der darf den Mund nicht halten, wenn auf der Straße Ausländer angepöbelt werden; der darf nicht schweigen, wenn Asylbewerber als Schmarotzer beschimpft werden; der muss widersprechen, wenn man uns erzählen will, die Armen seien selbst schuld an ihrer Misere; der muss widersprechen, wenn mit Embryonen (also mit ungeborenen Menschen) Organe gezüchtet werden und Handel getrieben wird.

Wer sich mit Überzeugung Christ nennt, der soll wissen: Ich bin gesalbt, nicht angeschmiert.

Textnachweis

Die Texte sind folgenden Bänden von Franz Kamphaus entnommen:

Gott beim Wort nehmen. Zeitansagen, Freiburg – Basel – Wien 2006.

Die Sternstunde der Menschwerdung. Weihnachtliche Anstöße, Freiburg – Basel – Wien 2009.

Zwischen Nacht und Tag. Österliche Inspirationen, Freiburg – Basel – Wien 1998.

WEIHNACHTEN

PFINGSTEN

© Verlag Katholisches Bibelwerk GmbH, Stuttgart 2014
Alle Rechte vorbehalten

Satz: SatzWeise GmbH, Trier
Umschlaggestaltung: Finken & Bumiller, Stuttgart
Umschlagmotiv: Herabkunft des Heiligen Geistes
(Bamberger Apokalypse, ca. 1000–1200, Reichenau).
© KNA-Bild, Bonn
Herstellung: finidr s.r.o., Český Těšín
Printed in the Czech Republic

VERLAG KATHOLISCHES BIBELWERK Stuttgart
www.bibelwerk.de
ISBN 978-3-460-23407-9

ars liturgica BUCH- & KUNSTVERLAG Maria Laach
www.ars-liturgica.de
ISBN 978-3-86534-194-5